超脱考试
做领袖

陈济安◎著

全国百佳出版社
中央编译出版社
Central Compilation & Translation Press

图书在版编目（CIP）数据

超脱考试做领袖 / 陈济安著. -- 北京：中央编译出版社，2011.12
ISBN 978-7-5117-1243-1

Ⅰ.①超… Ⅱ.①陈… Ⅲ.①人物—生平事迹—世界②成功心理—通俗读物 Ⅳ.①K811②B848.4-49

中国版本图书馆 CIP 数据核字（2011）第 275997 号

超脱考试做领袖

出 版 人	和 龑
责任编辑	邓永标
责任印制	尹 珺
出版发行	中央编译出版社
地　　址	北京西城区车公庄大街乙 5 号鸿儒大厦 B 座（100044）
电　　话	（010）52612345（总编室）　（010）52612371（编辑部）
	（010）66161011（团购部）　（010）52612332（网络销售部）
	（010）66130345（发行部）　（010）66509618（读者服务部）
网　　址	www.cctphome.com
经　　销	全国新华书店
印　　刷	北京业和印务有限公司
开　　本	787×960 毫米　1/16
字　　数	202 千字
印　　张	15.75
版　　次	2012 年 2 月第 1 版第 1 次
定　　价	30.00 元

本社常年法律顾问：北京大成律师事务所首席顾问律师　鲁哈达
凡有印刷质量问题，本社负责调换。电话：（010）66509618

我的价值　不由考试决定

（代序）

　　中国从科举取仕以来，一直以考试定终生，恢复高考之后，也是沿用此举，只是换汤不换药，不再考老八股，而改考"新八股"（政史地语数外理化生）。科举考试成功者，封官晋爵，荣华富贵，光宗耀祖，成为历代穷人翻身解放的惟一通道。高考成功者，吃皇粮、进高楼、坐宝马、春风得意，一路阳光灿烂，大道光明！即使今日取消了高考分配制度，但在百姓的心中，惟有高考乃人生正途。

　　其实，从上到下，国人已经知道高考的负面作用可能超过了正面作用，个别高校改革了考试录取办法，不再追求考分，但考分对考官的诱惑并没消除。谈起高考，不仅学生本人，连老师、家长都深恶痛绝，但却束手无策，无可奈何。人生要成功，必须要读书，读书就要上学，学校资源有限，配置不均衡，为了争取优势资源，只有通过考试竞争。学生不考不行，家长不考不行，老师不考不行，校长不考不行，全社会都被考试栓着鼻梁牵着走！

　　走下去又怎么样呢？

　　部分优秀学生，"躲进小楼成一统，管他冬夏与春秋"，班主任为了保护几个学习尖子，学生干部不让他们做了，社会活动也尽量不让参加了，为的是帮他们"减负"！"减负"进了北大清华，毕业之后又怎么样呢？追踪他们的人生历程，有些只是重复王安石笔下"方仲永"的故事，重大发明创造和技术突破不是出自他们之手。而当年班上成绩不太出色也不被重视的学生，入了社会之后，却常常渐成气

候，成了国家的栋梁，直至各行业的领袖！

这就是考试的结果！不但考生本人付出了代价，连国家也为此付出了代价！想想看，为了培养优秀人才，国家动用了多少优势资源，集中使用在部分人身上，到头来却没起到应有的作用，而那些真正对社会有贡献的人士，却得不到雨露阳光的平等滋润，这是多么令人伤感的事啊！

考分又是怎么来的呢？

一是死读书。死读书就是拼命读书，教室、食堂、厕所三点一线，朝5晚9，一天16小时绕着书本轮轴转，其他事情不管不问也不做，从小学到高中的12年，人生是单一的灰色调，没有童趣，本来快乐的求知变成痛苦的煎熬。

二是读死书。惟书是从，惟师为大，迷信书本，继而迷信现有结论和权威，不想也不敢越"雷池"一步，长大之后人云亦云、人趋亦趋、千人一面，不知创新为何物。

三是全面发展。为了达到录取分数线，学校、老师、家长一律要求学生各科齐头并进均衡发展，结果呢？大家不知自己的优势在哪里，选专业不知优势，找工作不知优势，几十年过去了，先天优势从来没能得到正常发挥，而发挥的却是自己的弱势，个人一生就这样平平庸庸，无数个庸人组成的国家也就这样积贫积弱。

中国不要考试，中国需要领袖！

被国人视为正统的儒家思想及由其衍生的考试制度，经由文化、教育和政府的推动，其影响力已深入骨髓，内化成强大的基因遗传！清中期以前，中国为世界中央之国，推行八股取仕在当时属英明之举，到了现代，世界领袖的地位早已从中国转移到别国，各国的经济、政治、军事、文化的发展，再也不像唐宋时期那样模仿中国样式，各国都在竞争，中国的各行各业迫切需要高效高质建设她的精英，精英们的早期养成训练，应是学生和教育工作者的惟一使命！

不仅如此，竞争的性质，不允许人们循规蹈矩、墨守成规，慢慢地继承，慢慢地消化，竞争需要革新，需要创造，需要打破常规，需要彻底的革命！需要领袖们领导这场革命！

对付考试，追求分数，如一叶障目，遮住了泰山，高分的短期利益诱惑，严重阻碍了当事人人性的健康发展，阻碍了人们创造力的发挥，解放思想，解放教育，解放学生，是摆在我们面前的紧迫任务！因此我们要放开喉咙，大声疾呼——

中国不要考试，中国需要创造！

学生学习动力来自两个方面，一是外部动力，即老师和家长的联合推动力，以考试为代表形式；二是内在动力，即蕴藏在学生内心的秩序与标准，以此建立自己的学习结构和生涯标准。考试，作为学习活动的外部介入力量，对于具有内在秩序与标准的学生，应该像毛泽东所形容的："敌军围困万千重,我自岿然不动"！那份宁静与镇定，是考试所检验不了的领袖成功素质！

同学们，为了自己，为了国家的将来，我们通力解放自我，摆脱分数的束缚，转变学习观念，率先做一个教育改革先行者，勇敢地做一回自我吧！

超脱考试，并非不要认真努力，不要考出好成绩，而是不惟考为大，不惟分是图，不做考试的奴隶，不因考试暂时失利而悲观厌世自暴自弃，要开放心灵，开放视野，超脱考试，从死读书、读死书的"蚕茧"中破茧而出，投入到广阔的现实生活，认识道，用好器，把书读

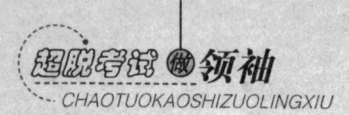

活，从读书中修养品格、习得智慧、找回优势、重拾信心，该学的学，该玩的玩，该当将军的当将军，该做领袖的做领袖！让我们老中青心相通、气相融、手拉手，击掌给力，在各自领域把优势发挥到极致，再度把中国建成世界第一！

作　者

2011-10-8 于苏州

前 言

人们说，不想当将军的士兵，不是好士兵。那么，不想当领袖的学生呢？

说到将军、领袖，同学们立地肃然起敬，同时又感觉那是离自己很遥远的事情，不如眼前的课业来得重要。毕竟，将军和领袖的成功几率太小了，小得好象蚂蚁攀大象。

可是，我相信，绝对有同学心里面咯噔了一下，尽管只是短短的0.01秒："如果有一天，我也当上了将军和领袖，那该多好啊！"

然后，又像往常一样，丢开幻想，急急忙忙奔向教室或操场。

今日的中国，政通人和，百业兴盛，风流人物粉墨登场，新生事物雨后春笋。尤其令人欣慰的是，经过一两百年的沉沦之后，中国和中国人民，又将重新以大国姿态登上世界舞台，这是一个"需要巨人而且产生巨人"的好时代！中国的各行各业、各个地区、各个团体、学校、医院、部队、公司，迫切需要一大批将军级和领袖级人物来领导她，这些人物从何而来？——学生！

同学们，你们长大之后，将军、领袖，将在你们中间诞生！是你，是我，还是他，就看各自的造化了。

纵然领袖是一个小概率事件，惯常情况，领袖们只有当他真正做了一名领袖之后，人们回过头来，才能品出他早年的蛛丝马迹和因果。领袖的成长，多半被人们看作特异现象，似乎只有用"命中注定"这个词，才能表达其特异性：不可思议、不能预测、没有规律、也没法由教师教导出来。

正因如此，人们只好安然听命，不去想领袖这件事情，更不去想让自己也当上领袖。这样一来，当大家都不去想的时候，反而做领袖变成了一件不那么难的事。

可惜的是，大家都忘记了一件事情，忘记了上天赋予自己的天份和优势，把自己看成了"丑小鸭"，一点也不感觉可爱，一点也不觉得自己很特别，即使身上的每一个细胞，每一个基因，都是"天鹅"的种子，我们也浑然不觉。

本书就是力图告诉我们这个秘密。了解了这个秘密，我们便学会了一道咒语，用来打开历代领袖们的藏宝之门——

秘密一：你生来就拥有冠军的天赋！

秘密二：当你出生之时，上天已经给你的领袖身份做了安排，那就是你的先天优势！

秘密三：你认为你是领袖，那么你就是领袖。

秘密四：学生，就是以领袖之身，发挥优势智能，沿着领袖之路，直线抵达目标。

秘密五：人生没有失败，只有成功！失败，只是后天不小心遗忘了优势，把它找回来就是了。

秘密六：学会了学习，就掌握了一辈子成功的秘密。

秘密七：领袖，通常是那些为自己建立了内在秩序和内在标准的人。

世界中心正在发生转移，中国要做好积极准备，为即将成为世界中心的那个新时代，培育出一批又一批领袖来！

在以学习为重点的学生时代，怎样的学习思想和方法，能使自己直线抵达领袖目标呢？

——"道"上"器"下！

《易经·系辞传》有云："形而上者谓之道，形而下者谓之器"。"道"，意指"思想"、"精神"、"规律",一旦认识和掌握了宇宙、生命之"道",人生将一路凯歌,直线成长;"器",意指"器物"、"方法"、"技巧",学习并掌握了工具性技能和技巧,人生可解决吃饭穿衣等谋生问题。如果把人间万物分为"道"和"器",则"道"为上、"器"为下,"道"为第一性,"器"为第二性,"道"决定"器"、统辖"器"、管理"器"。

人生,不同于动物之生,位于动物上位的人类,应首重"道",然后是"器",解决了"道"的问题,"器"就迎刃而解了。

人生命之初的学生阶段,也应将"道"作为学习的重点,"器"的方法服从于"道"的方法。

因此本书在揭示了领袖的秘密之后,从"道"的高度论述了学习在生命过程中的意义,由这个前提出发,告诉我们以怎样的态度、怎样的方法来学习,才符合"道"上"器"下的规律,这比纯粹谈论学习技巧,更具有见木又见林的效用。

如果读过本书的你,能从狭义的学习框架中跳出来,建立超越世俗的内在秩序与标准,进行高屋建瓴的广义的学习,不惟考惟大、惟分是图,摆脱考试的心理束缚,不做考试的奴隶,那么它的"引子"作用就达到了,可以扔掉本书了。我们说,你那将军的根器,此时已然萌动了!你那领袖的基因,正在发挥功能了!恭喜你,我们未来的领袖!

编　者

引　子

　　为什么有人学习好之又好，有人学习人意差强？

　　为什么有人勤奋刻苦效果平平，有人轻轻松松成绩特棒？

　　为什么有人表现乖乖，有人脾气古怪，为什么乖孩子长大平庸，怪学生长大出彩？

　　为什么有人全面发展长大没发展，有人偏科厉害，长大成就行业精英、国之将才？

　　为什么有人喜欢凑热闹学热门，有人热衷选新科钻冷门？为什么冷门冷了过后将变热，热门热了过后会变冷？

　　为什么有人考试名列前茅，却形单影只孤芳自赏，有人考分不高，却"狐朋狗友"众星追月？

　　为什么有人出身贫穷志存高远，有人出身富贵游手好闲？为什么志向高远者虽遭重重困遏，终究飞黄腾达领秀群伦？为什么富家子弟得意又遇春风，终老却凄凄惨惨切切？

　　为什么同窗同桌同村好友，同一屋顶听课，同一蓝天出操，同一舞台学艺，若干年之后，有人平淡无奇，有人做了领袖？

　　为什么有人失败不起，有人越挫越勇？为什么失败背后不是失败，成功背后也不是成功？

　　为什么人人生来就拥有冠军与领袖的天赋？为什么天赋领袖们，终其一生与领袖无缘？

　　为什么超脱是一种气度、一种心境？为什么就业需要考试，而超脱考试反而能成就大业？

　　为什么有人出生百姓平民，长大后成为帝王将相、行业之尊？

目录 CONTENTS
超脱考试做领袖

我的价值　不由考试决定（代序）/ 1

前　言 / 5

引　子 / 8

一、生来就是冠军，天生就是领袖 / 1

> 几百万、几千万、几亿名参赛者，在父亲的号令下，发动了一场争夺卵子的马拉松竞赛！……这场特大规模的竞赛活动，这场只有冠军才能成为胜利者的战争，它的组织者，是上天，是大自然！她如此精心的安排，让万里挑一的冠军英雄诞生在这世间，通过这件事情，启示你，启示我，启示每一个人：我们天生就是一名冠军！我们后天要做的事情，就是以冠军之身，继续冠军的事业！

1、大道自然 / 2

2、学习的智慧 / 5

3、上天有好生之德 / 7

4、上天眷顾所有人 / 10

5．三百六十行，行行出领袖 / 12
6．是雄鹰就要展翅飞翔 / 14

二、你相信，你就能 / 16

> 　　心态上认为能成功，那就能成功；心态上认为不能成功，那就不能成功。而能力，只是增加或减少成败的速率罢了。
> 　　了解心态的工作原理，能帮助我们建立正确的心态，促使事物按照预想的方向发展，使我们成为具有自我意志能力的掌命人！

1．哪里有宝藏 / 17
2．你认为你是领袖，那么你就是领袖 / 19
3．改变了心态，就改变了人生 / 24
4．领袖的学生时代 / 25
5．心态工作原理 / 29
6．领袖是怎样转换心态的 / 33
7．领袖心态养成 / 37

三、聚焦优势，出类拔萃 / 40

> 　　我们今世要做的，就是努力去发现自己的独特优势，用心锁定自己的独特优势，专心培育自己的独特优势。
> 　　生命是短暂而珍贵的，每个人都能发挥独特的天资，开辟自己的事业天地，在那里耕耘、创造，从而为世界做出领袖级的贡献！

1．人身难得，人生需要经营 / 41
2．生来就是冠军，人人都有优势 / 42
3．如何发现自己的优势 / 45

4、如何锁定自己的优势 / 58

5、如何巩固自己的优势 / 60

6、如何对待自己的优势与弱势 / 62

7、领袖,要超越现实 / 66

四、先铸领袖坯,再琢领袖器 / 68

> 哲学只讲两件事,一是认识论,二是方法论。《易经·系辞传》有云:"形而上者谓之道,形而下者谓之器","道"和"器"讲的就是认识论和方法论,"道"在上,"器"在下,搞清楚了"道"的原理,在"器"上才能有所作为。
>
> 人生之初的学生阶段,也应将"道"作为学习的重点,"器"服从于"道"。学习,乃是一个人在其生命周期内,采取高效速成的能量吸收大法,这是一个非常便利的成长途径,地球上所有生命群体中,惟有人类发明了这种集体进化方法。正如此,人类才配得上万物之灵的称号!

1、为什么要学——领袖的目标 / 69

2、学什么——领袖之道与庸人之器 / 71

3、怎样学——领袖学习法 / 76

五、智在知之外,领在袖之先 / 105

> 人生一辈子,要经历的事情千千万万,从千千万万的事情中学习,学习辨别、分析、判断、归纳、推理,学习挖掘、联想、改变、创造,学习采纳与摒弃、继承和批判、保持和斗争,从身体的层面学习、从精神的层面学习。在学习中积累能量,时刻与围困自己的庸人作斗争,永葆冠军优势,沿着冠军之路,直线抵达成功。

1、仅仅学习知识是不够的 / 106

2、智慧在知识之外生长 / 107

3、狭义的学习与广义的学习 / 110

4、领袖，用全部人生学习 / 112

5、领袖，向未来学习 / 117

6、领袖，要善于计算能量收支 / 119

六、领袖是体，品格是魂 / 123

> 你不是孤立的，历代所有成功人物的精灵都与你站在一起，守候在你的身旁，等待着你的召唤！我们现在要做的，就是如何将自己打扮成成功人物的模样，站到成功者的行列，召唤成功者的精灵！

1、信仰——别把轮船开进小溪里 / 124

2、信念——核动力潜艇为什么那样神奇 / 126

3、理想和目标——当舵手还是当水手 / 128

4、自尊——鹤立鸡群的滋味 / 130

5、自信——你对你自己的印象决定你一生的前途 / 132

6、我的画像，我的词典 / 139

7、聪明地解释世界 / 141

8、正确地看待苦难——苦难的积极意义 / 147

9、正确地看待失败——失败的积极意义 / 151

10、一千个心动，不如一个行动 / 152

11、静力——沉住气，稳住魄 / 153

12、悟力——领袖的无上心法 / 158

13、念力——你试过祈祷吗？ / 162

14、亲力——得民心者得天下 / 164

15、磁力——为何领袖能一呼百应 / 166

16、控力——从飞船上天可以学到什么 / 169

17、预力——乾坤转几圈，未来早知晓 / 173

七、掌控命运，自成大器 / 175

> 所谓命运，是人的精神运用现世这一生，来拨高生命的高度！命运起源于个体的自我修炼。所有的自我修炼，将改变自己与外界的相互关系，改变的本质是能量的变化。

1、命运的真相 / 176
2、命运曲线 / 177
3、人的命运公式 / 178
4、命运的起源和等级 / 180
5、幸与不幸的真相 / 181
6、运势的规律 / 184
7、通过学习来改善命运 / 185
8、通过改变环境来改善命运 / 188
9、通过改变人脉来改善命运 / 191
10、通过广结善缘来改善命运 / 194
11、通过识势借势造势来改善命运 / 195

八、超脱考试做领袖 / 199

> 领袖与凡人，皆乃娘胎所生，高矮胖瘦黑白美丑，分不出二者有何差异，起决定作用的非身体因素，非物质因素，而在人的观念、思想、胸怀。你的胸怀有多宽广，你的世界便有多大！领袖之所以为领袖，是在成为领袖之前，就已经按照领袖的观念来对待这个世界。

1、集体遭白骨精绑架 / 200
2、对考试的反思 / 202

3、抗拒心惑做学生——从一首毛主席诗词说起 / 205

4、高分者的现实与未来 / 209

5、辩证看考试 / 212

6、人生靠什么胜出 / 215

7、超脱考试的勇气 / 219

8、为超脱而做准备 / 221

9、超脱之后的人生之路 / 223

10、转换观念做领袖 / 227

11、新式学校 / 229

参考文献 / 234

一、生来就是冠军,天生就是领袖

几百万、几千万、几亿名参赛者,在父亲的号令下,发动了一场争夺卵子的马拉松竞赛!……这场特大规模的竞赛活动,这场只有冠军才能成为胜利者的战争,它的组织者,是上天,是大自然!她如此精心的安排,让万里挑一的冠军英雄诞生在这世间,通过这件事情,启示你,启示我,启示每一个人:我们天生就是一名冠军!我们后天要做的事情,就是以冠军之身,继续冠军的事业!

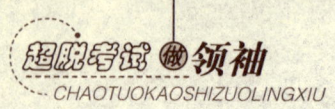

1、大道自然

世界的本质是物质，物质的本质是能量，能量的本质是运动，运动传导信息，运动生发生命。

乾和坤，阳物质和阴物质，因缘际会下运动和合，能量高频振动，于是有了动物植物微生物，有了你和我，有了家长、老师和同学，有了读书和考试、工作和竞争、成功和失败、幸福和痛苦、庸人和领袖。

一切的一切，一切的物质和现象，皆是能量，皆是能量的运动、发展和变化，变化的终极目标是平衡与和谐：美是和谐的，健康是和谐，幸福是和谐的，成功是和谐的，人是天与地、阴与阳和谐的产物！

人类生命，源自天地阴阳，源自能量的运动，人类生命诞生之后，一刻不停地运动和变化，其量的变化，引起质的飞跃，在其运动轨迹上，或升高，或降低，表现为人的命运的波浪式起伏。一些世代人的能量增加，生命等级提升，一些世代人的能量减少，生命等级降低，而决定生命等级提升或降低的能量，是人的精神！

学习、实践、工作、生活，文化、艺术、政治、经济、军事、科学，皆为人的精神活动，在活动中，人们或积累能量，或耗散能量，积累是平衡与和谐的，耗散是不平衡不和谐的，这就是人道对天道和地道的响应和反映！

试问，作为学生的你，是和谐的吗？

曾经，你是多么的渴望，渴望背着书包上小学，和小朋友们手拉手，唱歌、跳舞、游戏、写字、说话、摔跤、打架，可是，当你真的来到了学校，坐在教室里，面对黑板、老师和考卷，你心中的渴望依然还在吗？童真和烂漫依然还在吗？

曾经，你是多么的渴望，渴望长大，骑着单车上中学，和大朋友们一块住读、一块上课、做操、做实验、一块参加学生会、夏令营，可是，当你真的来到了学校，坐在教室里，面对黑板、老师和考卷，你心中的渴望依然还在吗？朝气和神采依然还在吗？

曾经，你是多么的渴望，渴望长大，乘火车、坐飞机，告别家乡和幼时的伙伴，跨进大学的殿堂，和才子佳人们一块上课、讨论、分析、研究、试验、答辩、集会、游行、恋爱，参加社会调查和公益活动，可是，当你真的来到了大学，坐在教室里，面对黑板、老师和考卷，你心中的渴望依然还在吗？舍生取义的勇气依然还在吗？

希望、失望、再希望、再失望，情感与理性交织，哀怨与憧憬置换，青春燃烧又冷却，人啊人，时不时活在矛盾里，活在理想与现实的纠葛中。

这是平衡吗？是和谐吗？是美吗？是健康吗？

我心中的平衡，是边动手边验证、边思考边练习、边探索边进步！

我心中的和谐，是在实践中掌握真知、在失败中体验成功、在快乐中追求成长！

我心中的学校，是求真知的乐园、长大前的历练、上天前的试飞！

可是，我所要的，学校、老师和家长，他们全然没有给我！

学校给我的，是我不要的，那是一张标签，一张命名"好学生"和"坏学生"的标签。

老师给我的，是我不要的，那是一幅表情，一幅对"好学生"的爱和对"坏学生"的恨的表情。

家长给我的，是我不要的，那是一份心绪，一份对"乖孩子"的偏爱和对"调皮孩子"的无奈。

我在标签的森林中进出校门，在表情的注视下拿起书本，在心绪的冷热里体会亲情，这里没有我的发言权，没有我的平等尊严，没有我的选择空间，我想，这不是教育的真谛，国家的愿望。

理想的教育，应顺应天理，倡导人性，尊重心灵。

理想的老师，应洋溢爱，充满爱，爱真知，爱优点，爱差异，爱个性差异背景下优势智能的极致发挥。

理想的家长，应懂得平等和人权，懂得身体的遗传非精神的链接，懂得父母的期望不等于孩子的使命。

这一切，皆与考试无关！

人生天地间，自有天地宇宙原初本意，作为天地之子，精神与肉体的完美结合体，人人自有他的去处，他的使命、目标和终极价值。概貌上的近似，掩不住内在的独特光辉，而这份独特性和光辉的源头，正源于上天的旨意。我们，天地之子，理应顺应上天的安排，勿以一己偏狭之私，随意猜度宇宙之门的开阖咒语，我们应做的，是走进光辉的源头，照彻自我独特性的内在组织架构，做一回真正的我，真正属于我的事业。

人类的活动，实践、认识、再实践、再认识，实践在认识之前，知识在实践中积累。知识积累到今天，学科林立，汗牛充栋，如若依然按照先实践再认识的顺序学习和求知，已经不合时宜了。但是，如果把学习同实践割裂开来，甚至去掉实践，并将考试代替实践，用以检验学习的效果，那就大错特错了。实践出真知，非考试出真知，考试的目的，无非是分别人才的种类，量才适用，调配资源，使适合的人才干适合的事情。如果教育制度偏离正轨，考试制度畸形发育，不如取消考试，超脱考试，重返理性征途，创办新式学校，依照本真逻辑，自然、自由、自在生长！

人生之道，在于"与天地合其德，与四时合其序"！

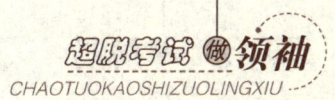

2、学习的智慧

老子《道德经》中有一段著名的话：

"人法地，地法天，天法道，道法自然"。

我们这个星球上所有动物植物微生物，都是顺从自然本性生活着。

动物的自然本性是："追求快乐、逃避痛苦"。

动物们在玩耍、嬉戏、追逐、调情、爱抚、撕咬、跑跳、飞翔、潜游的过程中，快乐地学习交往、领导、服从、合作、友情、奉献和生存的本领。它们的学习是自发的，没有逼迫、没有烦恼、没有痛苦。学习就是它们的全部生活。

人类的远古祖先，学习的内容比动物们要复杂得多，他们顺从自己的自然本性，学习围场狩猎、钻木取火、加工器物、结绳计数、搭建住房、防病治病、自我保护、人际交往等社会的基本知识和生存技能，他们将学习视为生命中必要的组成部分。在此过程中，他们没有感受到学习是一件被逼迫、烦恼和痛苦的事情。**学习对于他们，是人生快乐的源泉，是生命的第一需要**！

人在孩童时期，也是顺从自然本性，学习语汇、记忆、思维、想象、情感、动作、人际交往、社会规则、道德判断，一个7周岁儿童的学习量，超过了一个成年人30岁到50岁整整20年学习量的总和！

所以，**最有效的学习是顺从本性的学习**，而顺从本性的学习，是最快乐的学习！

——这就是学习的智慧！

在快乐的学习气氛中，人的心灵是开放的，大脑皮层处于兴奋状态，有利于建立联系、吸收信息；而违背自然本性的活动，心灵之门是封闭的，大脑皮层处于抑制状态，学习是低效的！

学校教育，若是遵循了人的自然本性，结合每个学生先天智能类型进行教学安排，使人的优势得以放大，使弱势不再干扰他，才是真正理想的教育。

自由，可通向开放的心灵，这份无拘无束的自由，诱导人们对自然现象的兴趣和关注，启动人们对不可能事件的联想和逾越，并乐此不疲。《昆虫记》、《物种起源》、《相对论》，就是它们的作者在完全放松的心灵状态下天马行空、悠然自得的思想产物。在许多流传下来的英雄故事中，主人公们宁愿用鲜血和生命来交换自由。自由通向创造，**创造是学习的至高境界**。

悠闲，也是开放心灵的一种良好状态。我们说的这份悠闲，不是无所事事、想入非非、东游西逛的那种悠闲，也不是手里拿着一本书，坐在花园小凳上看着天空发呆。有利于学习的悠闲，是在摒除了生存竞争压力、离开现实难题的纠缠、精神不被感官享乐所占据下的人文环境，此时，心灵完全展开自由的翅膀，飞向它想去的任何地方，做它自己想做的任何事。**悠闲和自由，是快乐学习的伙伴**。

如果学校环境不能提供悠闲和自由，我们可以自己想办法创造悠闲和自由，总之，我们不要忘了在我们的生命中，还有悠闲和自由这样两种心灵状态，它们是高效学习难得一遇的内在条件。

适度的任务压力，对于高效学习也是一种必要条件。因为适度的压力，可导引神经系统沿着明确的方向进行通道连接，有利于建立对生命、对学习有利的条件反射和动力定型。

高度竞争的压力和外在施加的逼迫，只能学习到知识，却不能通向智慧。

3、上天有好生之德

丰富多彩的自然界，造就了丰富多彩的生命，每一个种、属、科、目，在与自然界的交互作用中，各自进化出异彩纷呈的生命景观，进化出各自异样的形态体征、生存方式、智力和技能，它们不仅在顺应温、湿、光、热等气候变化和其它一切自然变化中改变和改善着自己，也在运用自身的力量改变和改善着外部的世界。无论是动物、植物、微生物，无论是黑人、白人、黄种人、棕色人，**生命存在本身，无一不是在向宇宙昭示着一个真理：上天有好生之德**！

动物世界——海阔凭鱼跃，天高任鸟飞，在各自的领域里展示着生命的精彩。同为鱼类，海豚凭借体内声纳系统，辨识敌友，探测障碍、地形、位置和远近；电鳐凭借体内发电系统，保护自己、捕食猎物；乌贼凭借喷墨系统，制造"烟幕弹"迷惑敌人，大敌当前时能逃之夭夭；即使什么特异功能也没有、甚至连游泳技能也很差的鲫鱼，也能依靠其头部的吸盘，寻求鲨鱼或海兽等大型海洋生物的庇护，可谓陆地上的"狐假虎威"在海洋里的翻版。同为鸟类，小者如蜂鸟，体重仅2克，却能飞到四五千米的高空，速度达到每小时50千米，其华丽的羽毛，闪烁着绿宝石、红宝石、黄宝石般灿烂的光芒；百灵鸟，其美妙的歌喉、优美的舞姿、令人叹服的飞翔技巧，实为天地间最美妙的尤物！

植物世界——望天树，高耸云天；箭毒树，见血封喉；豆类的根瘤菌，实为自产自销的氮肥工厂；而捕虫草，却能分泌黏液猎捕昆虫；长在非洲的水瓶树，主干高大，形如巨瓶，储水吨余，任凭干旱火烧，生机如故！

微生物世界——有一种淀粉酶,能将淀粉转化为葡萄糖;有一种酵母菌,能将葡萄糖转化为酒精;有一种青霉菌,能产生抗生素;有一种嗜热菌,能在120℃高温下存活;有一种嗜盐菌,能在高盐浓度下生长;有一种超级细菌,能在强核辐射条件下安然生存;有许多种细菌,在抗生素频繁作用下竟然产生了抗药性!

然而我们人类,从生物界分化出来,却处处不如生物——视觉不如猫头鹰,听觉不如蝙蝠,嗅觉不如犬,奔跑不如羚羊,体力不如大象,勇猛不如虎豹,辟谷不如乌龟,爬不如蜥蜴,游不如鱼,飞不如鸟,毒不如蛇,高大不如树,繁殖不如菌,可是人类,竟成为了地球上万物的主宰,却是为何?

地球母亲,以平等和平衡的姿态对待她所有的子孙,每一个物种,都拥有在某些方面的绝对优势,同时也拥有另一些方面的相对弱势,这既是大自然的安排,也是物竞天择的结果。作为物种本身,如果充分发挥既有的先天优势,将其保持下来,不退化,不丧失,那么,它将继续生存下去。**如其能在先天优势基础上,有意识地放大和发展新的优势和能力,那么该物种,将在生物多样性版图上,优先于其它物种而壮大繁荣。**人类,就是这样的一个物种!人类就其某一个器官和系统的机能,也许弱于其它物种,但是人类在大脑智能进化的路途上,在意志与行为、灵魂与肉体的发展上,乃是最为迅速和完备的物种。作为人类群体中的部落和族群,在从动物界分化出来之后的若干万年历史中,曾经上演了无数的族际和族内战争,包括军事的、政治的、文化的、信仰的对立和统一,**这些战争、对立和统一的历史悲喜剧,改变和改善了族群的遗传品质,使其优势机能保持下来,弱势机能贬抑下去。**生命延伸到今天,每一个人类个体的存在,无一不是在向宇宙发布这样的信息:上天的好生之德,体现着对每一个人至高无上的大爱,使其运用高度发达的智能,居高临下而又万般和谐地与万物共存，享受着众星拱月般的幸福和荣光！

　　沿着人类个体的进化路线往上追溯到单细胞生命，其内部构造单元中每一个细胞器功能的完善，必然通过新细胞的生命遗传逐级传递到下一代，多细胞生命功能的分化，全然就是早期的母体单细胞生命功能的延伸。从多细胞生命往下发展出来的软体动物，其功能分化的细胞群相互联合而结成的组织，演化为初级感觉和脏器器官和简单的神经索，能够反射和处理环境中较为复杂的因素，其最成功最完善的功能被保留下来，经由无数代优势功能的累积和遗传，新一代的节肢动物，继承了其母体软体动物的全部优势，然后又发展出新的优势，那就是更加复杂和专一的摄取、保护、进攻、反射、消化功能的出现。在这些优势功能全面发挥的基础上，人类的早期祖先，节肢动物们，进一步努力开发新的生命技能，负责移动身体的运动细胞群，开始伸出触手，继而由触手作为杠杆支撑身体，大幅度地移动身体，以达到更有效地趋利避害的目的。这样，一代又一代优势功能的累积，经由遗传的保留，新的功能在遗传基础上继续发扬和完善，支撑移动身体的组织和器官继续演化，而后以爬行为主要生存方式的物种出现了，骨骼系统也形成了，神经细胞继续延伸和集群，于是，我们的祖先们沿着爬行动物的足迹，一路进化到脊椎动物、灵长类动物阶段，最后到达人类现时的模样。这整个过程，几十亿年的历史演进，每一代生命，无一不是个体优势的逐代完善和累积，通过代际遗传而保留，又通过自身有限的生命努力的结果。几十亿年的光阴，数不清多少亿代的生命的成功演进和神经的、心理的、精神的积淀，今天交到你我的手里，是要完成一个使命，一个更有目的性和目标的使命！

　　这个使命，便是站在更高的起点，迎接更神圣使命，达成更远大目标，取得更宏伟成就，向完成人类集体进化的方向演进。

　　因此，**优势，只有优势，是生命之所以能够成为生命、进化之**

所以能够进化的秘密所在!

　　上天的好生之德，其意总是有利于每一个生灵，保留对生命成长有益的特性，舍弃不利的特性，并把这个行为通过肉体遗传承载下来。可是仍有一些人们，置天德于不顾，偏偏选择在"贫瘠之地种庄稼"，将"肥田沃土"弃置一旁，并且自鸣得意，誉为"勤能补拙"、"笨鸟先飞"，刚好把功夫用在了缺点上面。最终，"拙"，并没因为"勤"变成智，"笨"鸟，也没因为"先飞"变成"灵"鸟！缺点就是缺点，无论在它的上面投入多少精力、热情和汗水，缺点也不会变成优点，我们真正应当关注的是优点，在优点上下工夫、做文章！

4、上天眷顾所有人

　　上天的好生之德，从每一个人诞生的最初瞬间就眷顾了你，也眷顾了我！——无论达官贵人，还是贩夫走卒，无论阳春白雪，还是下里巴人，**只要一生下来，天生就是冠军！**

　　得出这个结论，逻辑上并不荒谬——

　　让我们把镜头对准生命诞生的最初瞬间，精子和卵子结合的一刹那以及在那之前的情景！——那是怎样壮观的场面啊！几百万、几千万名参赛者，在父亲一声号令下，发动了一场争夺卵子的马拉松竞赛！这是一场怎样规模的田径比赛呢？几百万、几千万、甚至上亿名参赛者，倾一国之军，恐怕也没如此庞大的规模吧！看看这些参赛者们，万头攒动，一个个雄赳赳、气昂昂，志在必得的模样！但他们每个个体在这场竞赛中获胜的机会，只有几百万、几千万甚至亿分之一！竞争是残酷的，随时要付出生命代价，但他们决不气馁，仍然精神抖擞、意气风发、斗志昂扬、浑身充满着胜利者的热望！他们争先恐后地跑啊，跑啊，一路上要克服数不尽的艰难险阻，他们的身躯与赛场跑道比起来，是那么的渺小，路线是那么的漫长，堪称艰苦卓绝的战争！最后，第一个到达终点的那名参赛者，这场马拉松田径比赛的冠军，战争的唯一胜利者，获得了卵子的爱情！此刻，新生命宣告诞生了！

请猜猜看，这个新生命是谁？这个冠军是谁？

正是你啊！！！这是多么奇妙的一件事情，自从你赢得冠军，新生命诞生的那一瞬间，所有其他参赛者，哪怕也到达了终点，只因为获得亚军、或是季军，就被无情地淘汰了，其他不计其数的参赛兄弟们，都因为你的胜利而壮烈牺牲，只有你，**出类拔萃，万里挑一，不，百万、千万里挑一的英雄，来到了人世间**！你的成功，是以百千万亿兄弟姐妹巨大牺牲的代价换来的！

读到这里，你将作何感想？你还有自卑吗？你还认为自己是个失败者吗？你不觉得过去那些无故自贬自损的想法毫无根据吗？

这场特大规模的竞赛活动，这场只有冠军才能成为胜利者的战争，它的组织者，是上天，是大自然！她如此精心的安排，让万里挑一的冠军英雄诞生在这世间，通过这件事情，启示你，启示我，你和我，我们每一个人，天生就是一名冠军！**我们后天要做的事情，就是以冠军之身，继续冠军的事业**！

5、三百六十行，行行出领袖

冠军，表示第一名，赛跑第一名是冠军，赛马第一名是冠军，打仗第一名也是冠军。**三百六十行，行行出冠军**，各个领域，各个地区，各个历史时期，都有冠军！

所以，冠军不只一个，也不只一种冠军模式，只要你、只要我，在所从事的领域做得很成功，你我就都是冠军！同理，只要你在所处的地区、所在的团队、组织、公司、医院、部队、机关、党派、学校、班组、家庭、或者你所处的某一个时代、某一个时代的某一个时间段，做得很成功，很辉煌，很颠峰，很引人注目，你就是冠军！

上天生下了你，生下了我，**在先天条件上，你我已经具备了冠军的生理基础**。你的先天条件，不同于我的先天条件；你的优势，不同于我的优势！你就是你，我就是我，**你我都是独一无二的存在！**

虽然你我外表上没有大的分别，但是你和我，绝非是简单重复！上天诞生你的那一刻，你在今生今世生命的旅程、你的精神宝藏、你的神圣使命、**你的独特才智，经由人类集体意识通道，悄无声息地刻进了你的精神深处！**至于如何开启心智之门、发现自己的独特用途，则属于你在今世的任务。

如果我们认真观察自然界，对身边那相似又熟悉的事物进行深入剖析，我们发现，相同是表象，相异才是根本。

同是碳、氢、氧、氮几种元素的组合，有的变成小麦，有的变成苹果，有的变成牡丹，有的变成松树，有的变成老虎，有的变成细菌，……千姿百态，各有千秋，它们都是地球的子孙，它们都成功地做了一回冠军！

同为老虎，也有各式各样的冠军：东北虎，在大小兴安岭、长白山脉称王称霸；华南虎，在亚热带森林耀武扬威；非洲虎，在大草原上所向无敌！而细菌，它们的身躯竟如此之小，放在显微镜下才能看清的小东西，竟将死后老虎庞大的身躯分解成了碎片，转化成大地上各种绿草鲜花的最佳养料！——它们都是成功者，是各自领域里的冠军！

大自然千千万万生命现象，启示我们，万物各有其用，众生各有长才！人也要学习如何成功地做一回自我，**将自我从千百万貌似相同的群体中区别开来**，肯定自我，尊重自我，高看自我，在内心里面"鹤立鸡群"。接着要做的是如何认识自我的独特性，保持独特性，发扬独特性，**使自我在具有独特优势的领域做到百里挑一、千里挑一、万里挑一**！

认识自我的独特性，就是要培养心灵的敏感性，了解作为人拥有哪些心智潜能，了解自己与哪些智能类型相对应。除学习自我认识性课程外，更重要的是要使自己在这个五彩缤纷的世界里始终保持清醒的头脑，对身外纷繁的事物"入木三分"，透过表象看本质，在自身与外界之间划出一道心智分界线，独自耕耘一方属于自我的心灵田园，除掉各种杂草和病毒的干扰破坏。

保持自我的独特性，就是培养心灵的"静力"和"定力"，永远高看这份独特性价值，永远守护这份独特性的生存权利，不让它因外力的干扰偏离了生命主航道。

发扬自我的独特性，就是将我的时间、精力、财力、物力、心力等资源集中在自身的独特性上，同时以最高的频率、最大的幅度、最强的毅力、最佳的心态、最合适的方法运用我的独特性，使这份独特性成为我的优势、我的看家本领、我生命的亮点，并且持之以恒，直至今世的终点。

6、是雄鹰就要展翅飞翔

是雄鹰就要展翅飞翔，那是一种自由，一种生命力量的展示，一种身体和心灵的解放，那是信念推动下的强者的战斗。请看下面的故事，或许能给你年轻的心带来启示：

一只鹰蛋从鹰巢里滚落出来，掉在草堆里。有个孩子拣到了，拿回家放在了鸡窝里。母鸡散步回来后，发现多了一只蛋，心里想："管它呢，反正都是我的蛋。"过了几天，小鸡们都破壳而出，母鸡发现其中的一只和别的小鸡不大一样，"管它呢，反正都是我的鸡。"，于是生活正常继续。

又过了一些日子，小鸡们慢慢长大，可是其它的小鸡总是不愿意和那只"小鸡"一起玩，因为它和别的鸡不一样。于是，那只"小鸡"委屈地问妈妈："妈妈，我到底是不是鸡呀？"母鸡说："小傻瓜！你是我孵出来的，当然是鸡！""噢！太好了！我也是一只鸡！"，"小鸡"听了妈妈的话开心地玩去了。

之后，虽然"小鸡"长得越来越不像鸡，但对于别人说它"不像鸡"的议论也已经习以为常了，而且更加坚定了自己是一只鸡的信念！

突然有一天，"小鸡"发现天上有一只"鸡"在飞，而天上这家伙也发现有一只和自己一样的同类在地上爬。于是他就飞了下来问道："你为什么在这里？你为什么不在天上飞呢？""小鸡"哈哈大笑："别开玩笑了，谁听说过鸡在天上飞呢？"天上飞的家伙说："不对啊！你看看：你和我的嘴都一样，爪子也一样，翅膀也一样，你是可以像我一样在天上飞的，而不应该在地上爬！""小鸡"发现："噢，真的

一样哦！我真的可以飞么？""你当然可以飞啊，不信我飞给你看！"天上这家伙展开翅膀，轻松的飞了一圈。

这时，"小鸡"虽然心里很渴望飞翔，但还是一点点信心都没有。于是，天上这家伙不断地鼓励它："你可以的，你一定行的！""小鸡"终于决定试一试，它使劲的挥动翅膀，却并没有飞起来，还摔了一跤，折断了几根羽毛。

"小鸡"于是说："不飞了，我是一只鸡，我怎么可能飞起来呢？"天上这家伙继续鼓励说："不要泄气，继续努力，你再试试，你属于自由的蓝天，你一定会成功的！我教你一些起飞的技巧。""小鸡"的信心不断地受到鼓舞，也不断的进行尝试，一次，两次，再试，再努力，坚持，终于，"小鸡"摆脱了地面的束缚，它飞起来了！

虽然摔了很多跤，掉了很多羽毛，但翱翔在天空的感觉让"小鸡"热泪盈眶，它从来不知道能够飞翔是如此的美妙！它突然感到那些努力都没有白费，都是值得的！天上这家伙对"小鸡"说："你不是鸡，你是一只鹰！是鹰就应该翱翔在天空！天空才能实现我们的梦想！"……

那么，请问你，我亲爱的读者朋友，你到底是一只鸡？还是一只鹰？

二、你相信,你就能

心态上认为能成功,那就能成功;心态上认为不能成功,那就不能成功。而能力,只是增加或减少成败的速率罢了。

了解心态的工作原理,能帮助我们建立正确的心态,促使事物按照预想的方向发展,使我们成为具有自我意志能力的掌命人!

1、哪里有宝藏

很久以前，波斯国，有位名叫阿里的富人，拥有一座富丽的庄园，过着富足的日子。有一天，他家来了一位客人，告诉他，如能拥有一座钻石矿，他将富可敌国，像皇帝一样高贵！他果真动心了，于是变卖了庄园，离别亲友，外出寻找钻石。他走啊走啊，一年过去了，没有找到钻石，两年过去了，没有找到钻石，五年过去了，他走遍了整个巴勒斯坦和欧洲，还是没找到钻石……。终于有一天，他的钱花光了，没有饭吃，做了乞丐，在绝望中跳海自杀，结束了生命。可是，当初那个向他买庄园的人，在他离家不久，无意间在后院小溪边发现了钻石矿！

这是一则寓言，其真实性恐怕很难验证，但现实生活此类现象比比皆是：君不见，有人重视官位，却忽视为民服务的根本；有人重视金钱，却忽视劳动的价值；有人重视肉体健康，却忽视精神健康；有人重视幸福，却忽视爱与奉献。他们将表象当真理，将噪音当乐音；用感性驱走理性，用浮躁驱走执著，用外求替代内省，用机巧替代睿智。

你到过美洲的尼加拉瓜吗？那些在瀑布下摔死的人们，他们临近瀑布边缘之前，曾经也是那样的狂放和得意，听不见岸边诚挚告诫的声音！

一叶障目，不见泰山。心智的双眼蒙蔽之后，哪怕钻石的光芒发自肺腑，仍感觉世间一片昏暗！

"钻石矿床"哪里寻？答曰：不在他处，**在自己的心灵**！

"聪明智慧"何处找？答曰：不在他处，**在自己的心灵**！

记得另有一则寓言，讲的是几个神仙论道，他们热烈讨论着到底该把智慧藏在何处，人类找不着。一个说，我们应该把智慧藏在高高的山顶上，那样人类找不着！另一个反驳道，老弟你错了，人类总有一天会爬上山顶拿走智慧，我们应该把智慧藏在海洋深处，那样人类找不着！……大家七嘴八舌，谁也说服不了谁。最后有一位神仙说道：大家别争了，人类是何等的聪明，上天入地，他们哪样不行？！正因为人类太聪明了，所以我提议，应该**把智慧藏在人类自己的身上**，他们或许永远找不着！

在对待学习与人生的问题上，也有类似的想法在一些同学脑海中盘旋：

①读书好不如脸蛋好，大学好不如爹妈好。

解析：只相信肉体力量，不相信精神力量，依赖外在力量，忽视内在价值。殊不知，好脸蛋终成昨日黄花，好爹妈终将离他而去，都靠不了一辈子，只有内在价值永恒！

②老板不读书，读书不老板。

解析：在中国改革开放初期，许多人因学业荒废找不到好工作，只能自己安排自己，外出谋生路。当时正值市场经济不规范、制度不健全，于是有人先富起来，当上了公司老板（须知他们的财富是用胆量和勇气换来的）。而大部分念了大学、获得硕士、博士的读书人，在计划经济的老巢里受脑体倒挂影响，收入反比没读书的少。但那毕竟是短期历史现象，如果仍将过时的现象当作一种确定的社会规则，随意套用在新世纪知识经济时代，只能说眼光短浅，只看时尚，不看主流。

③命里有时终须有，命里无时莫强求。

解析：这是懒汉、寄生虫、消极主义者的托词。他们把自己不努力、不愿付出劳动所酿的一杯苦酒，栽赃到命运头上，企图推卸自身的责任。事实上，无论你如何推卸，苦酒还得自己喝。宇宙规则其实很简单，只要你改变一下观念，苦酒可以变成美酒。不信？你试试看。

④勤能补拙，笨鸟先飞。

解析：这类人只看见自己田园地表上"拙"和"笨"的"杂草"，却没发现体内正埋藏着"钻石"矿。无论你怎样"勤奋"培养"杂草"，"杂草"永远不会变成"玫瑰"！无论你怎样"先飞"，"笨鸟"永远不会变成"灵鸟"！请快快转移看待问题的视角吧，你将发现在"拙"和"笨"的旁边，另有一片富庶的智能优势新"大陆"在等着你开垦哩！

⑤要是大家都去做总裁、当领袖，那谁去当工人、做农民？

解析：言外之意大概是："让别人做总裁、当领袖去，反正我做我的工人、农民好了！"。我不反对他的想法，也不阻拦他对自己"乐天知命"的人生规划，但我总觉得哪里不对劲。我觉得这个未来的工人，肯定是个不思进取的工人，做农民也可能都做不好。为什么？因为他缺乏生命的激情与活力，他的精神能量，是冷的不是热的。

2、你认为你是领袖，那么你就是领袖

有一位牧师，正在书房里绞尽脑汁思考着第二天礼拜要讲的布道

二、你相信，你就能　19

辞,可是他那调皮的儿子吵得他不得安宁。他灵机一动,找来一幅《世界地图》,撕成了碎片,转身交给儿子说:"拿过去,要是把这幅地图拼好了,我就奖你一颗糖!"牧师心想,这下好了,没有半天时间,儿子肯定不来烦我了。可是,不到一刻钟的工夫,儿子就兴冲冲跑进来:"爸爸你看,我把地图拼好了!"牧师惊讶地问:"儿子,快告诉爸爸,你是怎样拼来的?""我把纸片翻过来,发现背后是一个人头像,我想,如果把人拼对了,那么世界也是对的!"牧师猛地一拍脑袋:"嗨,有了!**如果一个人是对的,那么他的世界也是对的!**——这不正是我要找的最绝妙的布道辞么?"于是,牧师就用这个主题,前后讲了二十多年,成为世界上最杰出的演说家和思想家!

人的心是怎样看世界的,世界便是怎么样。所以,欲改变世界,首先改变人心!

案例一:我天生就比别人笨。

解析:这是自我放弃的典型案例,认为学习没有别人好,不是我自己的过错,而是我的"材质"不好,这个缺点应归咎于我的父母,是他们没有把优良的素质遗传给我!事实上,你并不比别人笨,只是你的神经类型可能属于粘液质或抑郁质,而别人属于多血质或胆汁质。多血质的人活泼、好动、反应灵敏、喜欢与人交往,兴趣和情趣容易转换;胆汁质的人精力旺盛、脾气急躁、容易冲动、心境变换剧烈;粘液质的人安静稳重、沉默寡言,显得庄重,情绪不易外露;抑郁质的人孤僻、行动迟缓,善于观察他人不易觉察的细节,具有内向性。神经系统类型本身并无好与坏、笨与不笨之分,每种类型都有好与不好的一面,多血质和胆汁质的人在学习上可能学得快一些,但学习不易专注,毛里毛躁,常出一些小差错;而粘液质和抑郁质的人在学习上虽然显得慢一点,但学习很投入、认真、细致、扎实。现在,你要做的事情是，确认自己的气质类型，肯定自身气质的优点，寻找适当的学习方法证明你的优点。每当你意识到你学东西比别人慢的时候，就用一个意思相反的声音进行自我对话："**我的气质天生和别人不一样，我有我自己独特的学习方法！**"

案例二：我天生不是读书这块料。

解析：实际上你内心里有另外一个声音在对自己说："我不喜欢这种沉闷、单调的教学方式，它激发不了我的学习热情，也反映不出我本来就具有的聪明才智，在这种环境下读书，我得不到任何人生乐趣！"回顾早些时候，你曾经读过一本书，那么有趣，那么令人激动和受鼓舞，书中的情节和哲理你至今难以忘怀！你心想，"如果让我学习那样的一门课，我保证学得最棒！"事实上不是你不善于学习，只是不愿学习使你感到厌烦的课程！与其学习它们，不如让你打球、下棋、唱歌、画画、做游戏！事实上，你是很善于学习的，如果把课堂上那几十年如一日的传统教学方式修改成边玩边学、边做边学、边唱边学、边讨论边学，你肯定学得最好！每当你意识到你的心灵在与外界抵抗的时候，请用一个意思相反的声音进行自我对话："**我天生就有学习能力，只是我的方式很特别！**"

案例三：我的记性越来越差。

解析：我很了解你现在的处境，你想记住你想学的东西，可是偏偏记不住，于是就怀疑是不是大脑变得迟钝了。实际上，你的大脑并没有变得迟钝，你只是内心里有两种力量在纠缠：一种来自内部，你感觉所学的东西索然无趣、味同嚼蜡、毫无意义，你根本就不愿学它，更不愿记它，你想离它越远越好！而另一种力量来自外界老师和家长的压力，他们是权威人物，他们规定要学的东西你不敢违抗！还有，也有不少同学好象过目不忘，轻轻松松就把书背完，这又形成自尊心上的压力！所有的内心纠缠只有你一人明白，可是你又不愿承认，因为承认就意味着对老师、对家长的不敬，对自己……神经病？由于面子问题，你没法倾诉给别人，于是，归因于"我的记性不好"，自我妥协，无形中"转移"了一切内外部矛盾！对于这个问题，我的看法是，归因于记性不好对学习本身没有好处，只会徒增烦恼，而且这种办法的负面效果是在你的潜意识深处关上了一道闸门，所有进入大脑的知识都被你的心灵挡在了闸门之外！每当你意识到内心将要自我妥协的时候，请用一个意思相反的声音进行自我对话："只要是我喜欢学的东西，我就能牢牢记住！"

案例四：我一看书就头痛。

解析：书，不是你的问题，头痛，也不是你的问题，你的问题主要是，你在神经系统将书与头痛错误地连接了起来。可能曾几何时，你读某一本书，学习某一门功课，成绩不好，挨了老师的批评或家长的责骂，你的自尊心受了损伤，头痛起来，于是，你就把问题转移到书上。事实上，问题不在书上，而在你自己的身上，你自己没有好好地了解你的智能优势，没有找到与该优势相适应的学习方法，只要把你的优势与方法问题解决了，你的成绩自然就上去了。每当你意识到看书就烦恼的时候，请用一个意思相反的声音进行自我对话："我只要一用上优势智能学习，浑身就特别来劲！"

案例五：我不行。

解析：还记得上幼儿园，叔叔阿姨们夸你聪明伶俐，唐诗背得呱呱叫的时候么？还记得爸爸算错了一个数，你帮爸爸纠正的故事么？还记得你的围棋竞赛获得全校第一名的事迹么？……从小到大，你的人生道路上铺满了一桩桩成功事件，你的成功来得多么轻松、多么惬意！每一个成功事件，你都经历了从不会到会、从会到熟练、再到出类拔萃的过程，在这些过程里面，你学得那样的出色、那样的开心、那样的废寝忘食！可是，面对今日所学，你竟说"我不行！"，难道昨日的你到了今日就变了一个人吗？不对，你还是你！你并没有变，你的聪明、你的才智、你的学习能力都没变，你只是把自我意识的方向改变了！实际上，这个问题很好解决——只需换个想法就行！每当你意识到方向不对的时候，请马上在内心里用意思相反的声音进行自我对话：**"我已经学会了很多东西，今后，我同样有能力学会我愿意学的任何东西！"**

案例六：学习真是枯燥乏味。

解析：跟前面的情况一样，你以偏概全，把对个别课程的不良感受，来替代对所有其它课程的感受，竖立起心灵的闸门与外界自我封闭。事实上，你只需先把你最擅长的那门课学到全班最好，并且始终保持在班上的优势地位，你自然就会感到学习是一件迷人的、鼓舞人心的事情！依你的实际能力，你在某个方面一定强过所有的人，这一点你心里是最清楚不过的！现在，请把你的优势亮出来，证明给老师、给同学们看，"我是好样的！"每当你意识到因个别功课干扰你心情的时候，请马上在内心用意思相反的声音进行自我对话：**"学习××真是一件有趣的事情！"** 然后找出你认为有趣的那门课着手学起来。

案例七：立志当领袖固然好，要是传出去，人家岂不笑话我不自量力？

解析：在他的心里面，也有对伟大理想的追求，但是热力不够，这是其一；其二，他把自己的人生与不相干的他人作了错误的联结。

其实，我是我，他是他，我是为我自己而活，我的存在是我自己的事，我失败了，别人不会高看我，我成功了，别人也无法将我贬低！我的价值由事物的本质决定，至于量力不量力，只是一种人为的解释罢了，只要我做事不违法，管它是眼神还是评价！借用马克思的话说："走自己的路，让别人去说吧！"

"世界有多大？"答曰："**心有多大，世界便有多大！**"

笛卡尔说："**我思，故我在。**"

人的心怎么看世界，世界便是怎么样！

启示：每当你意识到自己的意念发生偏差的时候，请用相反的力量将它扭转过来，其方法是：自我对话！对话次数越多，你的心灵和你的世界联系越紧密，关系越巩固，人生越美好！

3、改变了心态，就改变了人生

除开国皇帝外，中国几千年来，皇位都是世袭的，很少有人对它的合理性与合法性表示怀疑。于是，皇帝继续心安理得做他的皇帝，平民们继续安安静静做他的平民。可是，有一个农民，偏偏不信邪，忿忿不平地喊道："王侯将相宁有种乎？"在他内心深处，没有什么定式是千古不变的。他扯起了"陈胜王"的大旗揭竿而起，占领了秦王朝的半壁江山，硬是过了一回"皇帝瘾"！

陈胜称王的时间虽然不长，可毕竟改变了他的平民地位，——以他那贫贱的出身，按理是完全不可能的，但是——**改变了心态，就改变了人生！**

无独有偶，中原还有一位农家子弟，当他服兵役在咸阳游玩时，偶然看见了秦始皇出巡的仪仗队伍,不禁心中感叹道:"嗟乎,大丈夫当如此也!"——正是这句感叹,**改变了他的心态,于是改变了他的人生**!他就是汉高祖刘邦。

事物是普遍联系的,一个农民,改变了心态之后,连皇帝都能当上,那么要取得学习、工作的突出业绩,并不那么难,难道不是吗?

曾经有一位到美国留学的中国学生,他最初学化学,后来专攻细菌学。1928年,他在做实验时不慎,受甲型脑炎病毒感染留下严重后遗症。从此备受病痛折磨,病情不断加重,直到全身瘫痪。他想,"看样子,我这辈子当不成科学家了,但是,我可以当一名科普作家啊!"——**改变了心态,就改变了人生**,他做到了吗?做到了!不但做到了,而且他的科普作品成为从上个世纪三十年代以来一直到现在的大半个世纪的中国人青少年时期最有影响力的科学启蒙教材,鼓舞着一代又一代年轻人走上科学救国、科学强国的道路!他原名叫高仕錤,后改名叫高士其,他说:"我要去掉'人'旁不做官,去掉'金'旁不要钱!"在这个"官"念深重、物欲横流的社会里,这样的心态、这样的品格是多么的高贵啊!

凡人和伟人之间,肉体之间相差无几,造就他们巨大差别的,是**心态**!**一个凡人一旦有了伟人的心态,他将立马变成伟人**!生来就是冠军的你,一旦有了领袖的心态,你不俨然就是个领袖么?!

4、领袖的学生时代

哲学上,把如何看待事情,定义为"世界观",因此,**心态也是世界观**,是如何看待人生的世界观。

心态很重要，如何看待人生很重要，它决定了一个人如何指引精神运动的方向，决定一个人如何用精神力量调动肉体力量，并进而调动人类集体意志为我所用的力量。

相传两个举人一块进京赶考，路上，他们碰上了送葬的队伍抬着一口棺材。甲说："真是晦气，碰上这么件倒霉事，我肯定落榜！"。乙说："好极了，这回我肯定金榜高中！"。结果，正如两人所料，甲落榜，乙高中状元。

请问，他们两人的命运是在什么时刻被决定的呢？考场上吗？不，是看见送葬队伍的那一刻！

以作者为例。我一岁丧父，五岁母亲双目失明，家里欠缺劳动力，靠吃野菜、红薯充饥，受尽"乡绅"的欺凌；上学九年，九个冬天，脚和手冻得溃烂，无钱医治，严重影响正常学习；79年高考，论分数应能录取重点大学，却被"录"到县师范，人生得从小学教员做起，再上大学只准进修湖北教院。后来好不容易考研北师大，原本有希望当一名科学家，可是却碰上了政治运动。90年弃职下海之后，经历了许多次高峰与低谷的心灵炼狱。种种经历，教我切肤思考，这一切，到底为什么？是上天故意阻扰我成功，还是背后隐藏别的什么玄机？到将近不惑之年，我才悟出：**上天从一开始，就在用他那双看不见的大手推着我，在每一个岔路口，及时纠正了我的人生航线！**也许我的使命不应从事科学研究，而是将实业与基础教育联系起来！前面的桩桩苦难，不过是让我从磨难中思考生命的本质，从而有能力跨进成功的殿堂！所以每当磨难发生，我便习惯性地将孟子成功公式"天将降大任于斯人也……"于心中默默自励！当我以这样的心态看待人生，我的精神放松多了，我认为我所经历的任何事都有某种隐含意义！今天，我的使命感更加明确了，我要做一名成功学教育家，帮助孩子们走出迷茫，从小学开始到成人世界一辈子成功！

世界是同一个世界，事物是同一件事物，可是用不同的视角看它，就得出不同的结论，产生不同的心态。

案例一：一个女孩落水了，站在桥上的围观者越来越多——

甲心想："这是怎么回事？先看看再说！"

乙心想："她家的大人呢？大人跑哪儿去了？"

丙心想："看看，是不是拍电影？"

丁心想："她说不定在练习游泳？"

戊心想："她肯定是逗别人玩！"

己心想："为什么这么多人围观，竟然没人去救她？里面肯定有文章！"

……

第二天，电视新闻报道说，有一个小女孩在桥上玩耍，不小心失足落水，有几十个人围观，竟然没人去救她，结果被淹死了。新闻节目主持人严肃地谴责了围观者的道德行为，同时号召全市人民就此事件展开关于建设社会主义精神文明的大讨论。

案例二：物理竞赛成绩张榜公布了：张朝阳同学获全市第一名！看榜的同学很多，于是有人议论起来：

赵："张朝阳是谁？我怎么不认识？"

钱："他呀，你还不知道吗？他爸是市委书记！"

孙："啧啧，怎么好事全跑到他家去了？"

李："说不定他爸跟出题老师有关系呢！"

张："你别胡说，我认识他，他平时学习可用功呢！"

吴："那肯定是装出来的！"

郑："不管怎么说，他毕竟得了第一名！他身上也许有很多我们不了解的优点呢，我们应该向他学习才对！"

……

二、你相信，你就能

可见，同一件事情，不同的心态，就得出不同的看法，而每一个看法，又都验证了他的心态！从以上对张朝阳同学的议论中，你能分析出赵、钱、孙、李、张、吴、郑……等同学各自的心态和他们平时的学习成绩吗？

解析赵：他很吃惊："连我这消息灵通人士都不认识的人，怎么会考第一名呢？"所以，平时他的心很少放在学习上，他最喜欢做的事情，是搜集同学们的小道消息和绯闻，自然成绩不出色，也算不上太差。

解析钱：钱同学对政治、对人际关系有一股天生的敏感度，他真正关心的不是学习成绩，而是谁跟谁有关系，他将怎样利用这关系。对于钱来说，搞好学习，不如搞好人际关系来得重要。所以，成绩差一点不要紧，没什么可以害臊的。

解析孙：孙同学对世道愤世嫉俗，他觉得世界本不应该这样！一方面，他羡慕人家的好门第、好命运，另一方面又为自己忿忿不平，整个人一直生活在内心的矛盾、苦恼和阴影中。他外表平静，内心烦躁。他有时学习也用功，但往往被内心里面的那只"小兔子"撞得鸡犬不宁。所以，成绩不稳定，时好时坏。

解析李：李同学不但对政治和人际关系敏感，而且还特别对社会上的阴暗面感兴趣。他认为这个世界到处充满了阴谋和相互利用，就连学校老师也不例外！所以，他的理想要么是横扫天下，重整世界新秩序，要么同流合污，捞到更多的好处！可以推测，李同学在班上的成绩不会落到中下游，他有办法考出比较好的分数。

解析张：张同学能够在大众面前讲真话，讲实话，是一条敢于坚持真理主张正义的好汉！他相信实力就是英雄，所以，平时学习刻苦用功，成绩总是保持在领先水平！

解析吴：吴同学平时戴着一副假面具，以为别人也和他一样，他所看到的世界，与《卖柑者言》所说的大体一样，外表好看，内在空虚。所以，平时他给人的印象很好学，成绩也不错，并且做了很多好人好事，但是他心里清楚，"那是装出来给人看的！"

解析郑：郑同学相信事实，实践是检验真理的唯一标准，没有事实根据，妄断他人是非，非君子也！在郑同学的眼里，好的行为一定能产生好的结果，人应该将自己的心用在优点上，不要去理会那些负面的东西！因此，郑同学的成绩在班上一直名列前茅！

大家猜猜看，三十年之后，谁最有可能做成领袖？

世界的真相如何，全在人的心态，与世界本身没有关系。人的心态可以自己决定、自主选择！**你的心态是好的，那么你的世界便是好的！**

为了你的成功，为了早成大器，请管好你的心态吧！

5、心态工作原理

心态是一种世界观，心态是人生导航仪，指引着人对事物的认识倾向，左右着人对事物所作的结论，同时，又支配着人对事物所采取的行为。

一个人的学业好不好，一个人的事业能否成功，第一道关口是人的心态，然后才是能力！**心态认为能成功，那就能成功，心态认为不能成功，迟早会遭遇失败**，而能力只是增加或减少成败的速率罢了。

了解心态的工作原理，有助于我们建立正确的心态，促使事物按照预想的方向发展，成为一个具有自我意志能力的掌命人！

心态的工作原理如下图：

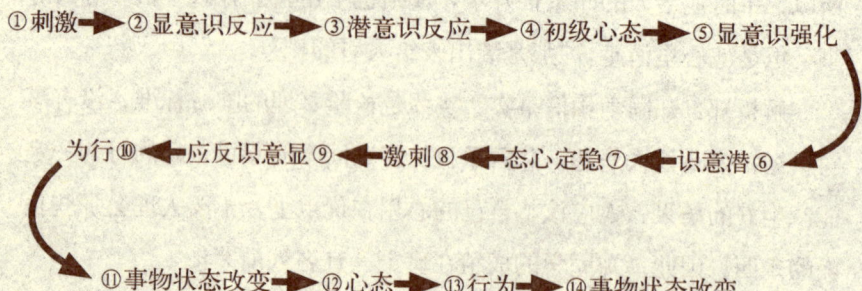

心态工作原理：事物的刺激信号，经由感觉神经传导至大脑，大脑进行分析、加工、决策，发出指令，经由运动神经传导至运动系统，作出对刺激的相关反应。在大脑对刺激信号进行处理的过程中，可能会有若干种不同的分析和加工的路径，然后从若干种可能性中作出路径选择，但最终选择哪一条路径，即如何决策和发出指令，则是由心态来控制的。大脑就象电视机，而心态就是操纵遥控器选择节目的主人，在电视机周围，飘荡着几十上百种频道的电磁波，至于哪一个频道被选中，则全看主人当时的心态。

由上述原理可知，**我们眼中的世界带着我们内在思想的印记，在很大程度上反映了我们自己内心里的世界。**

心态的工作语言，是人的显意识和潜意识。

下面介绍显意识和潜意识的基本原理。

人的意识分三个层次：最表层，显意识，即大脑清醒时刻能自我感觉到的心理活动；第二层，潜意识，即人在清醒状态下不能被自我感觉到的心理活动，称为"个体潜意识"；最深层是"集体潜意识"，它是与"个体潜意识"相连通的整个人类集体共有的潜意识。

人们平常在清醒的状态下工作、生活、娱乐，运用频率最多的是显意识，此时潜意识被潜藏在心灵深处不为人知晓，人所动用的是与肉体关联的力量；而当显意识的力量逐渐减弱、意识渐渐模糊时，潜意识就开始活跃起来，此时人所动用的是自身潜藏着的精神力量。

这两种力量有多大呢？我们以轮船来比喻：显意识是船长，负责操纵船舵和控制台，决定轮船行进的方向、路线和航行速率；潜意识是发动机，负责按照船长下达的指令推动轮船工作；如果船长睡着了，显意识暂时停止工作，那么发动机就完全按照船长在清醒状态最后一刻所发布的指令工作了！

潜意识的力量比显意识大千万倍!

显意识来源于个体通过感觉、知觉、记忆、思维、想象等学习过程所累积的经验、教训、心得和体会，**他主动学习了多少，那么他的显意识力量就有多大**；而潜意识则来源于该个体的精神通过显意识内化而累积下来的结果。

由上可知，学习、工作，光靠显意识，其作用是弱小的，我们要学会动用潜意识力量为自己服务（具体方法，参见本书第162页《念力》）。

让显意识来影响潜意识，让显意识来定义潜意识，让显意识来启动潜意识，使潜意识按照显意识输入的程序和指令工作，——是改变心态，进而改变人生的原理性方法。

潜意识的逻辑与显意识的逻辑迥然不同。因此，要让潜意识按照显意识输入的程序工作，就必须十分讲究编程的技巧，使输入和输出能正确地对应，而不发生错乱。

其一，在潜意识中，不存在肯定与否定两种逻辑关系，肯定与否定是等效的，显意识中的否定，输进潜意识之后，被翻译成了肯定。

示例　显意识：我不生气。

潜意识：我生气。（潜意识对"不"字没有反应）

其二，潜意识不能辨别显意识的真假。"真"和"假"，在潜意识中都为"真"。

示例　显意识：我是个伟大的人物。（假）（显意识认为是"假"的）

潜意识：我是个伟大的人物！（真）（即使显意识认为是"假"的，但是，只要显意识将其输入了指令，潜意识就把它当作"真"来工作）

其三，潜意识是以"形象化"素材来工作的。

示例　显意识：（老师）注意，上课不要开小差！

潜意识：上课，要开小差！（潜意识对"不"没有反应，"开小差"是形象化的活动）

学生甲——开小差：今晚我有个约会。（形象）

学生乙——开小差：××催我还钱，怎么办？（形象）

学生丙——开小差：妈妈说给我买了新衣服，不知漂亮不漂亮？（形象）

学生丁——开小差：下午彩票开奖，到底要不要去呢？（形象）

其四，显意识重复多次的东西，潜意识不管是真是假，它都接受！

从大脑生理学来讲，显意识建立神经联系通道之初，其印迹是肤浅的，经过多次重复，等于加深了印迹，稳固了神经联系；潜意识作为一种神经活动，它的生理基础与显意识相同，所以，显意识开辟的神经联系本身，就成为潜意识条件反射的通道。

显意识重复的内容越简单越好，越简单，神经通道的距离越短，节点数量越少，神经联系越容易建立。

示例　显意识：我生龙活虎，我朝气蓬勃，我气宇轩昂，我光明磊落，我精神抖擞，我斗志昂扬，我思维敏捷，我……

解析：从显意识积极暗示的作用来看，以上指令很好，但涉及的面太广，有身体状况的，有精神状况的，有风度方面的，有道德方面的，有志向方面的，有思维方面的，显意识一下子建立这么多通道，覆盖了整个大脑，潜意识忙得"晕头转向"，无暇顾及，哪会有好效果呢？最好将显意识指令修改成简单的一句话："我真棒！"。

意识即能量，显意识的每一次重复，等于向潜意识输送能量，相同能量多次输送之后，潜意识能量蓄积越来越饱满，潜意识力量越来越壮大。

因此，要活用潜意识，就要讲究显意识与潜意识对话的技巧：

第一，要用肯定语句；

第二，要说真话；

第三，要用形象化的语言；

第四，要多次重复。

6、领袖是怎样转换心态的

改变了心态，就改变了人生。

我们在思想上对此已经有了正确认识，但还不够，"知"要通过"行"才起作用。下面，我们给出心态转换的几个原则，同时做一些基本的练习。

原则一：用肯定语句，不要用否定语句。肯定自己所需要的，不要描述自己所不需要的；肯定积极的一面，不要描述消极的一面：

练习1　　心态：我不是读书这块料。

　　　　　转换：我天生就是冠军，不管在哪一个方向，只要方法得当，学我所长，我肯定最棒！

练习2　　心态：上课时我总习惯做小动作。

　　　　　　转换：动作思维是我的优势，我喜欢一边玩一边学习，
　　　　　　　　这样效果会更好！
　　练习3　　心态：老师说我很懒惰，做作业总是不抄原题。
　　　　　　转换：我很聪明，我懂得简化工作，懂得把力量集中
　　　　　　　　用在关键点上！

原则二：对自己的心要说真话，不说假话。 对自己说的话要绝对的相信，要让自己从头到脚、每个细胞、甚至每个毛孔都相信，不得存有一丝一毫的怀疑：

　　练习1　　心态：我讨厌物理课。
　　　　　　转换：我与物理课前世无怨后世无仇，物理课没有什
　　　　　　　　么好与不好之分，我可能没找对适合我的特殊
　　　　　　　　方法，只要找对了好的方法，我就能克服对老
　　　　　　　　师讲课风格的偏见。我想我自学也能达成目标！
　　练习2　　心态：我太爱数学了，不上数学课我简直难受死了！
　　　　　　转换：我很喜欢数学课，学起数学很带劲！

注意："难受死了"这个词，显意识里面是非常非常难受的意思，可在潜意识里面就把"死"当成真的死了，它接受了关于"死"的指令后，就按照有关"死"的特征让自己实现它。所以，我们切记要慎重使用"死"字，包括其它与此类似道理的字词语句。

原则三：要用形象化的语言，不要用抽象语言。 如果表述的意思是抽象的,要尽可能把它转换成形象的。不但要形象,最好是活生生的：

　　练习1　　心态：我要好好学习，天天向上考出最好的成绩！
　　　　　　转换：我要每天进步1%，力争考上清华大学建筑系！
　　　　　　　　（头脑中能构筑形象的名词）
　　练习2　　心态：新的学期，我决心用最佳的精神面貌投入学习！
　　　　　　转换：新的学期，我决心将语文课的成绩从B提升到

A！（大脑内在视觉凝视字母"A"）

练习3　　心态：我要做个好学生，为我们班创造集体荣誉！

转换：李明同学身体欠佳，影响学习，我决定从明天早上开始，每天督促他按时起床，带他跑步锻炼！

原则四：要用现在时态，不要用将来时态或过去时态：

练习1　　心态：我将来一定大有作为！

转换：我有目标，有理想，有抱负，我真棒！

原则五：同样语句，最好要在不同的场合多次重复运用：

早上醒来举臂高喊（或默念）：我真棒！

晚上睡前自我赞美（或默念）：我真棒！

穿衣时默念：我真棒！

刷牙时默念：我真棒！

洗脸时默念：我真棒！

梳头时默念：我真棒！

化妆时默念：我真棒！

如厕时默念：我真棒！

吃饭时默念：我真棒！

洗衣时默念：我真棒！

上学走路时默念：我真棒！

放学回家时默念：我真棒！

打上课铃时默念：我真棒！

打下课铃时默念：我真棒！

课间休息时默念：我真棒！

做操时默念：我真棒！

领奖时默念：我真棒！

受罚时默念：我真棒！

答问时默念：我真棒！

进考场时默念：我真棒！

见到父母时默念：我真棒！

见到老师时默念：我真棒！

见到同学时默念：我真棒！

见到亲友时默念：我真棒！

发现问题时默念：我真棒！

解决问题时默念：我真棒！

上车时默念：我真棒！

下车时默念：我真棒！

登高望远时默念：我真棒！

……

有一天，你将意外地发现，你真的在各方面变得"真棒"！

一个好的心态，配合一系列的动作、活动、场景、人物、地点、事件、气候、光线、时间、空间，配合一切的一切，整个社会人群，整个天地自然，整个宇宙万象，就都与我们的身体、与我们的心灵——同频、同振、同思想、同呼吸、同命运，一旦来到了那样的境界，万事万物皆为我所生、为我所备、为我所用了！

原则六：以上原则，对自己和对他人、它物平等对待，才见真效果：

练习1　心态：他学习那么差，简直是个笨蛋，我才不愿和他交友呢！

转换：他学习是不大好，可他有正义感，有大丈夫气慨！他也许还有很多其他优点呢！让我试着跟他交个朋友吧！

练习2　心态：这条死狗，客人来了也不知道？！

转换：嗨，你真是个尽忠职守的好门卫！

练习3　心态：他嘛，不就天生有个当官的好老爸吗，有什么了不起？

转换：他有老爸垫底，我用我的努力加智慧垫底，再暗暗和他比一比！

7、领袖心态养成

掌握以上原则并不难，实践运用也不难，难的是坚持一辈子！

平时，我们不经意说的一句话，一个意念，就连自己都没感觉，却偏偏应验了。是什么导致了这个结果？是潜意识！

懂得了显意识与潜意识工作原理之后，我们要学会留心显意识所说的话，所动的念，**让潜意识遵照显意识的指令去做**我们所想做的、所期待的正确的事情：

永远说我：行！

永远说我：这也很好，那也很棒！

永远说我：爱学习！爱劳动！爱生活！爱人生！爱智慧！爱自然！爱祖国！爱团结！爱和平！

同样地，永远说别人：你好！你真行！你真潇洒！你真漂亮！**你真有风度！你真是好样的！你真的很棒！**（根据心理学定律，你对别人的称赞，其正面的积极能量，又将返回到你自己的体内！）

与自我养成友善相处的良好习惯，天长日久，必有好的结果等待着你——

（1）习惯可以是正面的，也可以是负面的，学习区分好习惯与坏习惯，保留和培养好习惯，警惕和隔离坏习惯，是领袖人物的生活方式。

（2）好习惯是培养出来的，也是思考和规划出来的。平时我们有意识地将自己的人生分解成学习、工作、生活、娱乐等各个方面，对每一个方面将要发生的言与行、思想与动作，以符合潜意识原理的路线进行规划和设计，那么，我们的人生，将会是一个情感与理性平衡的人生，聪明和智慧的人生！

（3）一旦养成了习惯，就养成了一个人区别于普通大众的独特风格！你的风格，就是你的无形资产，它将与有形资产一样，可以转化为受益终生的财富！

（4）在99%的事情上，伟人和凡人没有区别！伟人懂得的事情，凡人也懂得，伟人能做到的事，凡人也能做到。可是，有一件事伟人做到了，凡人却做不到。是什么？是习惯！所以，养成了好习惯，就等于将自己划进了伟人之列！

（5）习惯的力量是巨大的，一旦养成了习惯，人们将被习惯推着走！这样，人们的行为就变成了自动化的行为，每当遇到新情况新问题，往往不需花费太多的气力，就将事情顺利完成了。

（6）习惯是一颗种子，凡种子都会发芽。无论好习惯还是坏习惯，都会扩大它原有的势力范围。好的习惯，如毅力、意志、自觉性、情感稳定性、思维流畅性、感知敏锐性等，能使我们受益终生，我们应将之视作金刚石晶种，给它条件，着力培养，将在它的周围生长更多更大的金刚石！

（7）坚持实践以上六原则，养成了好习惯，用成功者的心态对待身边的事物，心灵的敏感度将提高，心灵的觉悟性将增强，这将有利于人们提高自我能力，有利于精神层级的提升，有利于为以后的人生铺垫一个更高的起点，更快地向目标前进。

好的习惯里面，有两类情形需要分清：一种是同样的动作经多次

重复，将变成习惯，它可以使我们节省精力，不必事事动脑筋去想；另一种是，需要动脑筋去想，想了以后指挥身体去动作，动作的结果是有利的，有利又形成了对自我的奖赏，奖赏促成类似的好行为多次发生，好象也是一种习惯。对于第一种好习惯，如若针对简单的行为、机械式的动作则无妨，如果涉及到思想意识领域，则要警惕了，警惕什么呢？警惕习惯造成对心灵的麻痹！麻痹是毒药，容易使心灵的敏感性、悟性和创造性退化，无异于宣判精神的死亡。对于第二种好习惯，与其说是习惯，不如说是高尚灵魂的行为方式。

三、聚焦优势，出类拔萃

　　我们今世要做的，就是努力去发现自己的独特优势，用心锁定自己的独特优势，专心培育自己的独特优势。

　　生命是短暂而珍贵的，每个人都能发挥独特的天资，开辟自己的事业天地，在那里耕耘、创造，从而为世界做出领袖级的贡献！

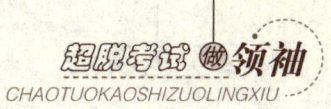

1、人身难得，人生需要经营

当文章写到这里，我不禁想起毛泽东同志的一首词《沁园春·长沙》——

> 独立寒秋，湘江北去，橘子洲头
> 看万山红遍，层林尽染
> 漫江碧透，百舸争流
> 鹰击长空，鱼翔浅底，万类霜天竞自由
> 怅寥廓，问苍茫大地，谁主沉浮？
>
> 携来百侣曾游，忆往昔峥嵘岁月稠
> 恰同学少年，风华正茂
> 书生意气，挥斥方遒
> 指点江山，激扬文字，粪土当年万户侯
> 曾记否，到中流击水，浪遏飞舟？

屈指算来，从第一次读这首词到现在已32个年头了，恰巧也是诗人32岁时的词作。我自小不喜政治，"指点江山，激扬文字，粪土当年万户侯"的豪情壮志，不曾引发我的兴致，可我独偏爱这一句："鹰击长空，鱼翔浅底，万类霜天竞自由"！无论如何，我相信，这首词，不仅抒发了作者本人的远大志向，也曾点燃无数热血青年的奋斗激情！一个没有任何背景的农村孩子，不管他生在湖南湖北、山东山西，只要有了这份志向、这份激情，作家也好、领袖也罢，何愁上天不垂

手眷顾、怜爱有加?

大地上,"万类霜天",百千万种植物、百千万种动物,百千万种微生物,"鹰"也好,"鱼"也好,何独人类这个物种统帅了苍生?地球母亲,万物之母,从百千万种生命中选择了人类统领众生,我们理应感恩戴德,倍加珍惜!

人身难得,既然来到了这个世界,就应好好走一回。人生,是生物万象里一个具有特殊意义的事件,珍惜它,意味着要用心去规划、认真去经营。

2、生来就是冠军,人人都有优势

每个人生来就是冠军。

冠军和冠军不一样。

每个人在诞生的时刻,他在宇宙的空间维度、时间维度、他所处位置的地球经纬度、地球磁场、山川、气候、光照、音强等等,与所有其他人都不相同;即使位置相近的两个孩子一同出生,只因他们的父母不同,遗传基因也不一样;纵使同卵双胞胎,也因后天经历的不同,两人的个性也各有千秋!

每个人在诞生前,从受精卵开始,他已经独自走过了生物进化的全部旅程,从单细胞、多细胞、软体动物、肢节动物、脊椎动物、到哺乳动物、灵长类动物、一直到人类的全部过程,他的进化路线、进化程度、进化程序、进化细节,不同于所有其他人的进化路线、进化程度、进化程序、进化细节,他在自己的进化旅程中,积累了自己独特的优势!他的独特,全世界都找不出第二个,如同找不出两片一模一样的树叶!

每个人先天的独特优势,加上后天各自特殊的成长经历,告诉我们,**每个人都是独一无二的存在!**

有人天生具有语言天分:翻译、幽默、笑话、相声、口技、评书、快板、写作、辩论、演说。

有人天生具有数学-逻辑天分:加减乘除、珠算、心算、演绎、推理、分析、归纳、定义、编程。

有人天生具有视觉-空间天分:观察、想象、绘画、布景、方位、路线、地理、探险、设计。

有人天生具有音乐天分:音调、音律、节奏、作词、谱曲、演唱、弹奏、赏乐、品曲。

有人天生具有身体-运动天分:田径、体操、武术、舞蹈、杂技、游戏、雕塑、工艺、装配。

有人天生具有人际关系天分:察言、观色、社交、聚会、组织、指挥、管理、激励、操纵。

有人天生具有自我认知天分:感知、内省、领悟、直觉、思辨、谈心、对话、咨询、辅导。

同为具有语言天分的周树人、周作人、周建人三兄弟,生于封建家庭,受教于传统道德,但是,他们没有成为封建社会的卫道士和殉道者,而是背叛了自己的出身,走上了一条追求新生活、新思想的时尚之路,在那个兵燹乱世,勇敢地竖起了新文化的大旗,三兄弟几乎同时站在社会变革的前列,相互砥砺,相互竞争,都成为了战士,成为引领社会变化的文化先锋——三兄弟相同的遗传基因,却造就不同的人格优势:老大周树人,文风犀利,言辞深刻;老二周作人,行文婉约,宣扬人性;老三周建人,人格率真,以科学为使命;他们的人生,走了一条完全不同的道路,时人评价道:大作家(老大,文坛精神领袖)、大汉奸（老二，汪伪政府教育督办)、大干部（老三，民进党领袖)。

同为具有人际关系天分的宋氏三姐妹：宋蔼龄、宋庆龄、宋美龄，同生于宋氏民主家庭，同学于美国教会学院，她们与自己的先生一道，将上苍赋予女性的优良禀赋发挥的淋漓尽致，她们先天血液和后天教育中有完全相同的元素，却发展出迥然相异的人生特质：宋蔼龄联姻孔祥熙，善于积财，富甲天下，堪称财富领袖；宋庆龄嫁给孙中山成为国母，爱国爱民，万民景仰，堪称民主领袖；宋美龄嫁给蒋介石，权势显赫，呼风唤雨，堪称巾帼领袖。她们对20世纪的中国拥有不可思议的影响力，在一定程度上影响了中国的历史进程，也因而成为世界关注的焦点。

同一班级的学生，大都来自同一个乡村城镇，"君住村之头，我住村之尾，午夜思君晨见君，共饮一井水。"穿的同样棉布毛衣，受的同样老师教诲，却"一花开五叶"，一树发百枝，五叶五个样，百枝百媚生。

即使有人看起来不具任何天分，比如傻瓜，傻里傻气，呆头呆脑，智商低下，可是，他也拥有属于自己的独特优势：①天生快乐，没有忧愁；②不偷不抢不拐不骗不顶不撞，值得信赖；③没有贪欲，淡定自若；④忠诚老实，可依可靠；⑤内心不存丝毫杂念，少了烦恼。

我们今世要做的，就是努力去**发现自己的优势**，用心锁定自己**的优势**，小心谨慎**培育自己的优势**，好好地抓住今世这难得的、可以自主的机会，使自己去独立开辟一个无人能达、无与伦比的天地，在那里耕耘、在那里创造，从而为人类做出领袖级的贡献！

3、如何发现自己的优势

杭州一所小学校长周武老师，曾做过一项跟踪调查，发现了一个令人深思的"第十名现象"。周武老师担任语文教师和班主任20年，他有意识地对1990年前后毕业的150名小学生做了跟踪调查，结果发现这些如今已经上大学或工作了的学生中间，绝大部分当年学习成绩在班里居前三名的"尖子生"，成人后却"淡"出优秀之列，甚至在其后的升学和就业方面屡屡受挫；而前三名之外，第十名前后甚至20名前后的学生，却在后来的学业和工作中出乎意料地表现出色，成为栋梁之才。

学校教育不就是以培育人才为宗旨么？可是"第十名现象"的现实，说明我们的教育体制、教学方法、人才测评尺度有问题。问题的症结在哪里？如何消除这个症结？不从源头上解决这个问题，"人才"变"庸才"的现象将会一直持续下去。

我们的教育目前承受着三种偏见带来的危害：一是"西方主义"，全盘西化，凡是西方的东西都被奉为圭臬，看成科学，既然是科学，就要去研究和学习；二是"精英主义"，即，凡是能将卫星送上天、能做原子弹、汽车、药品、电脑网络和经济管理的人，都被视为时代的精英，既然是精英，就是学习的榜样；三是"测试主义"，凡是能被重复测量出来的特性都是科学特性，如果某种能力无法测量，那就归入另类，视而不见。

与以上三种"主义"相对应的是，我们的教学大纲、教材设计、教学方法、升学考试，其着力点，自然就放在数学－逻辑智能、视觉－空间智能和语言智能上！

可是，社会是复杂的，社会对人的需求是多方面的，检验一个人是否成功，不是学校说了算，而是社会说了算。

哈佛大学教授加德纳在1983年提出了一个"多元智能理论"，他认为，人类的思维方式是多元化的，每一个人的天赋才能都是由七种以上智能类型组合而成，每一个人与生俱来都在某种程度上拥有这七种以上智力的潜能，它们在人类认识和改造世界的实践过程中都发挥着巨大的作用，具有同等的重要性。这七种智能分别是：数学－逻辑智能、视觉－空间智能、语言智能、音乐智能、身体－运动智能、人际关系智能和自我认识智能。除特殊人群以外，一个人在他的日常工作、学习、生活、娱乐等所有活动中，都要运用这七种智能，但不同的人其天赋才能存在个别差异。这七种智能类型不是均匀分布在每一个人的身上，具体到某一个人，可能某一两项智能占比较优势，而其它智能起协同作用。总之，它们是以组合的方式运作的，不能说哪一个重要哪一个不重要。

举例来说，音乐家，音乐智能占比较优势，其它六种智能次之，但绝不是说音乐家不需要其它六种智能！没有其它智能的配合，音乐家将不成其为音乐家！比如，要弹奏、指挥、表情，就要运用身体－运动智能；要写出有深度、有表现力的音乐作品，就要运用人际关系智能和自我认识智能；要在音乐中表现高山流水、蓝天白云、生命律动，就要运用视觉－空间智能；要把自己的音乐感受与听众、同行切磋交流，就要运用语言智能；要写出优美的旋律、在旋律中表达自然和社会，就要运用数学－逻辑智能。可见，要取得成功，七种智能类型样样都不可缺少！

反观我们的学校教育，是怎样对待学生智能的呢？残酷得很，学校通过大规模流水线生产作业方式，有意把不可分割的七种智能大卸两块，然后把认为重要的留下，把认为不重要的扔到了围墙之外。

可怜我们那困在围墙里面的学生，有的因为智能优势碰巧与学校重视的相符，于是在测试（考试）之后，被贴上了"好学生"的标签，一路绿灯畅通无阻——他们是教育体制下的成功者！另有更多的学生，只因自己的智能优势恰巧与学校重视的不符，于是在测试（考试）之后，被贴上了"差学生"的标签，一路红灯禁止通行——他们是教育体制下的失败者！

人生一路走下来，十年、二十年、三十年之后，再拿当年的"好学生"和"差学生"比起来，会是个什么情景呢？周武老师的"第十名现象"给我们的教育作了一个讽刺性的总结和预言。

一代又一代的失败者，就是一批又一批的殉葬品啊！当年被学校贴了"好学生"标签的"成功者"，今天真的成功了吗？有，但比例太少！

我们从小接受的教育就是你要把这样、那样的缺点改掉，争取做一个好孩子，使我们成了查找自己缺点的专家，为克服缺点争取完美，一生苦苦追求，而无暇发挥我们的优势才能！

克服缺点，弥补劣势，虽然有时确有必要，但它只能使我们避免失败，而不能让我们出类拔萃。因为很多能力是与生俱来的，依靠教育、学习、培训只能事倍功半，未必有好的效果。如果你缺乏空间想象能力，却从事建筑设计，你对数字不敏感，却在做财务管理，你不仅很难取得大的成绩，甚至连完成普通的工作任务也会很吃力。正象事物样样完美就失去特点一样，一个人面面俱到就没有个性。21世纪的生存法则就是建立个人品牌，竞争并不可怕，可怕的是你没有太多的个人特色。

教学要改革！教育要革命！

今天，我们发出这声呐喊，是真诚希望制造失败者的"缺点教育"不再进行下去了！

教育有问题，教师有责任，作为以学习为己任的学生们，你们是否也该自我检讨呢？

既然上天在你诞生的时刻，已经为你创造了成功的优势条件，已经让你经历了一次冠军的历练，那么后天，你的失败，理所当然的，就属于你自己的责任了！

混混沌沌不能成功，迷迷糊糊、脑满肠肥、养尊处优之人，上天又怎会拱手送他成功呢？

成功者，首先，要感激上天生下了我，感激上天赋予我神圣的人生使命；第二，要擦亮心灵的眼睛，努力发现自己潜在的智能优势，针对此优势，订定人生目标；第三，要信任自己；第四，要展开行动！

人有哪些潜在的智能？让我们先来具体了解加德纳教授关于七种"多元智能"的定义。

语言智能：指用言语思维、用语言表达和欣赏语言深层内涵的能力。作家、诗人、记者、演说家、新闻播音员都显示出高度的语言智能。

逻辑—数学智能：指人能够计算、量化、思考命题和假设，并进行复杂数学运算的能力。科学家、数学家、会计师、工程师和电脑程序设计师都显示出很强的逻辑－数学智能。

视觉—空间智能：指人们利用三维空间的方式进行思维的能力，如航海家、飞行员、雕塑家、画家和建筑师所表现出的能力。视觉—空间智能使人能够知觉到外在和内在的图像，能够重现、转变或修饰心理图像，不但能够使自己在空间自由驰骋，能有效地调整物体的空间位置，还能创造或解释图形信息。

身体—运动智能：指人能巧妙地操纵物体和调整身体的技能。运动员、舞蹈家、外科医生和手艺人都是这方面的例证。在社会上，动作技能不如认知技能那样受人重视，然而，善于支配自己身体的能力是他们赖以生存的必备条件，也是其取得社会声望的重要特征。

音乐智能：指人敏锐地感知音调、旋律、节奏和音色等的能力。具有这种智能的人包括作曲家、指挥家、乐师、音乐评论家、乐器制造者以及善于领悟音乐的业余爱好者和听众。

人际关系智能：指能够有效地理解别人和与人交往的能力。成功的教师、社会工作者、演员或政治家就是最好的例证。

自我认识智能：指能够进行深刻的内省和自我知觉的能力，并善于运用这种知识计划和导引自己的人生。宗教领袖、传教士、心理学家和哲学家就是拥有高度的自我认识智能的典型例证。

知人者智，自知者明！每个人都有自己的优势，成功的人生规划，就在于发现自己的优势并加以凸现，根据自己的优势设计未来，给自己的人生准确定位，找到属于自己的人生跑道，开辟一条属于自己的成功之道！

如何发现自己的智能优势呢？下面介绍几个简单的方法：

方法一：感悟法

找到一处僻静旷野，那里流水潺潺，莺啼鹂转，微风习习；或月明星稀之夜，虫儿唧唧，心也超然，物也度外；盘腿而坐，微闭双眼，想象一鹤发童颜智慧老人，乘驾一道天光，由远及近，与我合二为一，分不清谁是他，谁是我，仿佛智慧老人就是我，我就是智慧的化身！然后自问自答：

"我是谁？"胸腔里有个声音回答："我—是—天—使—之—子—！"

"我从哪里来？""我—从—宇—宙—来—！"

"我来干什么？""美—化—地—球—和—人—间—！"

"从何处着手？""从—所—爱—之—处—！"

"我爱什么?""爱—我—所—爱—!"
"所爱为何?""凝—视—心—灵—亮—点—!"……

方法二：比较法

不同的学生对不同的课程有不同的感受，产生不同的学习效果，如果我们把这些主观的感受用量化的方法来处理，也许能得到一些有启发性的认识。下面我们将每一门课程分别用下表评价，然后，根据分数高低排序，就能发现自己的优势在哪门课程。

课 别	学习感受	配分				
		1	2	3	4	5
___课	轻 松					
	欣 喜					
	一学就会					
	成 绩 好					
	期 盼					
	灵 感					

再根据自己所喜欢的学习方式，用下表来评价，然后排序，就能发现自己的智能优势是什么类型。

课 别	学习感受	配 分				
		1	2	3	4	5
语言	听说读写					
逻辑－数学	分析和计算					
视觉－空间	用视觉图像思维					
身体－运动	动中学					
音乐	旋律、节奏					
人际关系	团体交往					
自我认识	沉思、内省					

通过比较，就会发现，课程优势和智能类型之间，有其内在的相关性，它启发我们，不同的学生有不同的学习风格，不同的课程，应采用不同的教学方法，流水线式的大班教学，不利于发挥每一个学生的学习潜能，见下表：

智能类型	政治	语文	外语	数学	物理	化学	生物	地理	历史	美术	音乐	体育
语言	✓	✓	✓						✓		✓	
逻辑－数学	✓			✓	✓	✓						
视觉－空间				✓	✓					✓		
身体－运动						✓				✓	✓	✓
音乐		✓										
人际关系	✓								✓			
自我认识	✓	✓										✓

方法三：测量法

中科院心理所、北大、北师大、各省师范院校心理系以及各大中城市设立的心理咨询机构，都有一整套心理测验量表，针对气质、性格、能力倾向、智商、情商、专业和职业选择等进行量化测量，对学生及早认识自我提供建设性的指导。"全美公平与开放测验中心"，在美国每年实施了一亿多次标准化测验，平均而言，每个学生每学年接受3次标准化测验，利用这些测验分数，可以解释学生的智能类型，决定选修什么课，预期将来会获得什么成就。

每个人具有独特的先天遗传禀赋，相对应的具有各自独特的心理倾向性，针对每种心理倾向性，了解自己的特色学习风格，有助于同学们发现自己的优势学习法。

下面请你找枝笔，做两项自我测试：

测试1：智能类型自我测试

每个人生来就具有自己独特的优势智能，人类的智能优势大体分七种：语言智能、逻辑智能、空间智能、音乐智能、运动智能、人际智能、内省智能，根据优势智能，设计自己的人生目标，选择适合自己的特色学习方法，有利于度过愉快、自信的学校生活。下面请同学们根据自己的实际情况，进行智能类型自我测试，请在符合的项目的小圈里○打上√，每圈记1分。

○1．喜欢写作

○2．喜欢杜撰故事、讲笑话、讲故事

○3．有很强的记忆名字、地点、日期或琐事的能力

○4．喜欢在空余时间读书

○5．能轻松而准确的拼写单词

○6．喜欢胡乱的韵律或绕口令

○7．喜欢做文字游戏

○8．能快速的用心计算算术题

○9．喜欢使用电脑

○10．喜欢问一些如"宇宙的尽头在哪儿？"、"人死后会怎样？"之类的问题

○11．喜欢下棋或其他战略性游戏，并会赢

○12．根据逻辑进行清晰的推理

○13．设计实验弄清不明白的事情

○14．花大量时间做一些逻辑思考难题

○15．空闲时间用来从事艺术活动

○16．当想到某件事情的时候，能说出它详细的视觉图形

○17．能轻松地阅读地图、图标与图表

○ 18. 能准确地给人物或事物画像
○ 19. 喜欢展示电影、幻灯或相片、图片
○ 20. 喜欢做智力拼图或迷宫游戏
○ 21. 喜欢幻想
○ 22. 喜欢演奏乐器
○ 23. 能轻松记住歌曲的旋律
○ 24. 能指出别人的某个调子跑调了
○ 25. 喜欢边放音乐边学习
○ 26. 喜欢收集录音带或磁带
○ 27. 自唱自乐
○ 28. 喜欢音乐般的节奏感
○ 29. 在竞技运动场上表现出色
○ 30. 坐在椅子上不停的摇晃或敲打
○ 31. 喜欢体育运动,如游泳、骑自行车、徒步旅行或溜冰
○ 32. 与人交谈时喜欢用身体接触
○ 33. 喜欢冒险刺激的驾驶
○ 34. 喜欢展现手工技巧如木工、缝纫或雕刻
○ 35. 善于模仿他人的手势、特殊习惯或动作
○ 36. 有许多朋友
○ 37. 在学校周围广泛开展社交活动
○ 38. 似乎有点"街头小聪明"
○ 39. 喜欢参与课外组织活动
○ 40. 当出现纠纷时,喜欢"充当家庭调解员"的角色
○ 41. 喜欢与同学们一起玩小组游戏
○ 42. 非常理解他人的感情
○ 43. 喜欢独立自主,有很强的意志力
○ 44. 在讨论有争议的话题时,敢于发表自己的意见

三、聚焦优势,出类拔萃

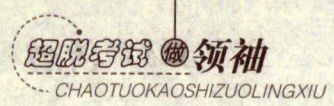

○45. 喜欢生活在自己内心的天地里

○46. 喜欢独自沉浸于一些个人的兴趣、嗜好或事情

○47. 有很强的自信

○48. 喜欢以独特的风格（穿着、行为或态度），按照与别人不同的节奏行事

○49. 自己激励自己，去从事独立性的钻研任务

请按下表统计、比较，得分最高者，即为你的智能类型。

	语言智能	逻辑智能	空间智能	音乐智能	运动智能	人际智能	内省智能
1—7							
8—14							
15—21							
22—28							
29—35							
36—42							
43—49							

测试2：学习风格倾向性测试

学习过程中，有人习惯用听的，有人喜欢用看的，有人则喜欢动手操作。现在我们就从生活事例中来进一步了解，对自己的学习风格倾向性进行测试。请在符合你实际情况的项目的小圈里○打上√，每圈记1分。

○1. 背课文时，写下来比读出声更让我记得住。

○2. 我可以只透过听歌不看歌词，而学会一首新歌。

○3. 看剧情缓和的电影，令我感到放松。

○4. 我擅长分辨各种颜色间的不同。

○5. 我听到一个不太熟悉朋友的姓名，会先想起他的声音。

○6. 我常泡热水澡来消除紧张。
○7. 我习惯藉着文字或图画来解决问题。
○8. 我习惯用谈话方式来说明事情。
○9. 我习惯透过实际动手做来学习新事物。
○10. 上课时，我需要老师把重点写在黑板上才有印像。
○11. 我读书会受到说话声、噪音或电视声干扰。
○12. 长时间和人群相处，让我感到精神紧绷。
○13. 我习惯将书桌上的用品维持整齐。
○14. 有空时我会选择欣赏（听）音乐。
○15. 我习惯穿着宽松舒适的衣服。

视觉区：1____　4____　7____　10____　13____　合计____分
听觉区：2____　5____　8____　11____　14____　合计____分
触觉区：3____　6____　9____　12____　15____　合计____分

学习风格倾向性测试分析单

姓名：_____　视觉区____分　听觉区____分　触觉区____分

通过分数比较，我们可以发觉自己的学习风格是倾向视觉型，听觉型还是触觉型，针对不同类型，可以使用不同的学习方法来提高自己的学习效率。

（一）视觉型

学习心法：凡眼力所及之处，都有助于学习内容吸收，或因而造成分心，故多利用环境中的有效视觉讯息是重要原则。

学习秘方：可利用各种不同色笔或标记画重点；读书前整理书桌保持整洁，只留必要用具以免分心；将听到的重点尽快转化成文字或图表；勤动手整理笔记；善用教学录影带等视听媒体。

（二）听觉型

学习心法：声音对这种人特别具有吸引力，可能因此学习轻松，也可能造成学习的障碍，制造有利的声音环境是重要原则。

学习秘方：背书时大声朗诵，事半功倍；书房保持安静很重要，若周围环境吵杂时，可用一些无主题的轻音乐隔离噪音；用教学录音带，或把画面资料透过录音带的播放让耳朵便于吸收；睡前听教学（或自制）录音带以助学习；时时专心听讲。

（三）触觉型

学习心法：凡是环境中的气氛都会影响到敏锐的触觉神经，保持平和稳定、流畅舒适的空间，多亲自去体验是重要原则。

学习秘方：利用各种感官如嗅觉、味觉、触觉去认识新事物；保持读书环境空气流通、光线充足；保持心情愉快；透过比手画脚方式去记忆；自己动手做实验。

方法四：自我发现法

①当你看到别人在做某事时，你的心里也有一种"痒痒"的"跃跃欲试"的感觉。

②当你完成某件事时，会有一种由衷的满足感和欣慰感。

③你在做某件事时，动作非常的迅速，几乎是无师自通。

④当你做某件事时，你不是按部就班、循规蹈矩、一步一步去做，而是行云流水般一气呵成。

⑤你发现自己在做大多数事情时需要学习，需要不断地修正、演练，而做另外一些事情时，几乎是自发的、不用想、凭本能就能自动地完成。

⑥做某件事情时发现自己乐此不疲，不管时间是否充裕，不管

是否属于自己的责任和义务，总是很乐意去做，而且没有挫折感。

⑦在某一件事件上对别人的做法不屑一顾，心想如果由我做就会怎么怎么好。

⑧不假思索的反应：没有经过相关的教育和培训，在某方面却能力出众，做起来不假思索，轻轻松松就能做得很出色。

⑨学得快：比较而言，某些事情学得特别快，而且效果特别好。

⑩自信：做某件事情时你发现自己特别有自信。

⑪渴望：你非常希望多多运用这些能力去做事情，渴望有机会在这上面表现自己。

⑫满足：运用这些能力做事之后，你会很开心，很有成就感。

⑬他人真诚的夸奖。

⑭通过自我回顾既往做过的事情，归纳出相应的能力：

·别人认为我什么最出色？

·我最拿手的是什么？

·我曾做过哪些最得意的事？

·详细描述你做过的最得意的一件事：

事情的概况？

当时你遇到什么困难？

你采取了什么特别的解决办法？

最后达到什么结果？

在这件事中，体现了你的什么能力？

以上你所做的这件事，所对应的能力，便是你的优势智能！

美国著名的管理咨询机构盖洛普公司负责人马库斯·白金汉先生在其《首先，打破一切常规》的著作里，总结了成千上万的优秀经理们一致认可的真知烁见：

人是不会改变的。

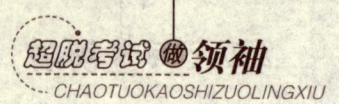

不要为填补空缺而枉费心机。

而应多多发挥现有优势。

做到这一点已经很不容易。

4、如何锁定自己的优势

知人者易，自知者难。

知一时者易，知一辈子难。

江山易改，秉性难移——我认为话里有谬误，应掉过头来说才对：心性易改，江山难移！

世上最容易变的，不是山川河流，而是人心！最飘忽不定的也是人心！民间不是有"女人的心，天上的云"的说法么？岂止女人的心易变，男人的心也易变，不然怎会有"翻手为云覆手为雨"呢？心一变，心态就变，心对事物的看法也跟着变！我们的自身先天优势，如果随着心态的改变而退化了，试想，人这一辈子还会有出息么？

锁定自己的优势，守护自己的优势，小心别让斑斓多姿的世界动摇了优势！——只要看一个人意志的坚定性——定力如何，就能推测他将来是大器之人，还是鸿毛一片！

经营人生和经营企业一样，同样需要主人高度的智慧！

笔者的一位老朋友，四十年代出生，文革那年大学毕业。中学时代，他就已经表现出文武全才，数理化外，诗词歌赋，样样都会。大学毕业后，他跟别的同学一样，分配去农场锻炼了两三年，然后分到一家研究所。粉碎"四人帮"之后，他挑起了科研的大梁，取得了该课题突破性成果，于是各项荣誉纷至沓来，有关方面要提拔他担任研究所所长职务，可他拒绝了，继续着他的课题研究。八十年代中后期，国内收入分配上的脑体倒挂现象以及愈来愈多科学家的英年早逝，引起了大量知识界人士的惶惑不安，有的人携眷出国，有的下海经商，而此时，侨居海外的亲戚来信，要他接管旗下的一家高科技企业。这一次，他又拒绝了。随着研究的深入，他的课题组成果越来越多，并发表在英国《自然杂志》上，成为该领域世界瞩目的领军级人物，常常应邀出席全球性的学术年会并作长篇报告。他的名字和论文被大量引用，他的照片也刊在了科学期刊的封面上，他的知名度甚至成为某重点大学的品牌。上世纪九十年代末，技术走向市场，各大学和科研院所也纷纷建起了公司性质的科学园区，上级觉得委任他当这个董事长最合适。第三次，他还是拒绝了！身边的许多知情人不解，人的一生重大机遇并不多，问他为什么要这样顽固迂腐？他说，"我知道三次机遇对我来说都很难得，我也认为我有这个能力担当，可是，我内心里有个声音一直在提醒我，我的长项是搞科研，管人也好，办企业也好，写文学也好，虽然能取得一些成绩，但不可能做到顶尖的水平！**人贵有自知之明，有所弃才能有所取，有所不为才能有所为，生命的主线不能丢，丢了就什么也不是！**"

我衷心祝愿他沿着人生主线一路走好，继续锁定优势，经营优势，早日摘取科学的皇冠！

二千五百多年前，喜马拉雅山麓，有个迦毗罗王国，国王有个太子名叫悉达多，是未来国王的法定继承人。他天资聪颖，文韬武略超凡。无边的幸福包围着他，可他越发觉得人生无常，遂萌生了出家的愿望。当出城路遇生、老、病、死四无常之后，他决心要了却生死，解脱众生苦难，这个理想，已经成为超越一切包括继位当国王的目标！从离家、苦修、降魔、得道、传经到圆寂，释迦牟尼佛的一生，是坚定的一生、勇敢的一生、觉悟的一生、锁定优势经营优势的一生，任何的艰难困苦、魔幻诱惑、荣华富贵，都没能将他从人生的主轴线上拉开去！

世上少了一位国王，却多了一位圣人！国王的统治几十年光阴行将过去，圣人的恩泽几千年光辉仍普惠人间！

伟大的人物是相似的，平庸的人们各有各的平庸！

每当夜深人静之时，将心从外界收回，以内在视觉凝视自我，再把优势调过来，用心灵之火点亮，发光，闪耀，照彻全身，通体透亮，光明正大，正大光明，默念：我就是光，光就是我，我是优势四射的智慧之光！想象自己在智慧之光笼罩下安详地入睡。

5、如何巩固自己的优势

仅在认识的层面珍视自己的优势是不够的，还应通过具体的社会实践，在行动中加强它，巩固它。

前面讲过成功的四个步骤，一是发现优势，二是订定目标，三是制定计划，四是展开行动。**订定目标要结合自己的优势**，二者要相符，否则阴差阳错不易成功，那么，如何在目标和优势之间建立关系呢？下面我们先弄清什么叫做目标。

目标就是角色，是你为了实现人生使命，决定要成为一个什么样的人。假如，你的使命是热爱和平，那么你可以选择当一名将军，或是一名科学家，也可以是一名外交官、演说家、慈善家、社会活动家、音乐家、画家、文学家、政治家等等，都可以达到这个目的。现在的问题是，以上每一种角色对人的素质要求都不一样，要扮演好每一种角色是不可能的，如果你所选的角色同你的基本素质不匹配，最后吃力不讨好，失败的还是你！所以，订定目标，选择角色，不仅要有主观愿望，还得考虑自己的潜在素质，**使角色常模和智能优势两者能够对应起来**！所以，订定目标，首先，必须盯住你的优势，使二者贯通！

人在具体行动过程中，有时难免会走样，实际结果与目标之间发生偏离，这也是十分正常的事情。问题是，人常常不能清醒地意识什么时候发生了偏离，发生了多大偏离。

为了预防这种情形，我们要安装一套"预警系统"，时时检视是否有偏离的存在。人类的远古祖先，没有我们现今这么发达的生活条件，在夜间，既要睡觉休息，还要躲避猛兽害虫的侵犯和天气的突然变化，他们身上就拥有"安全预警系统"。现在，人身安全的问题解决了，不用预警了，根据"用进废退"原理，这套系统在我们的身体里面退化了，但是，社会进步之后，我们还得发展出新的"预警系统"！

人生短暂，优势难得，发现了是你的慧眼，用好了是你的才干，浪费了是你的责任。人这一辈子，成功者仅占少数，饥寒交迫穷困潦倒者大有人在。

成功很简单，就是永远守住那份优势，失败也很简单，只须把优势晾在一边。

守住优势，盯住优势，天天运用优势，你的优势将得以巩固和强化——

选择人生目标时：是否与优势相符？是，继续下一步。否，变更人生目标！

设计知识结构时：是否与优势相符？是，继续下一步。否，变更知识结构！

审查学习策略时：是否与优势相符？是，继续下一步。否，变更学习策略！

制定学习计划时：是否与优势相符？是，继续下一步。否，变更

学习计划!

准备学习资源时:是否与优势相符?是,继续下一步。否,变更学习资源!

执行学习计划时:学习方法,是否与优势相符?是,继续下一步。否,变更学习方法!

修正人生方向时:学习方向,是否与目标相符?是,继续下一步。否,修正学习方向!

坚持不懈努力时:努力程度,是否与优势相符?是,继续坚持。否,加紧努力,缩短距离!

当你离开学校,踏入社会,这套方法依然管用,你只需将"学习"二字,适应当时社会现实情况,改换为具体"行动"即可。

人的优势,既与生俱来,又可在后天培养放大。认清了自己的优势之后,以目标定位优势,以冥想训练定力,以行动趋近目标,你便与优势合二为一,协同生长。

6、如何对待自己的优势与弱势

下面是一段经典故事:

很久很久以前,有人组织了一场动物运动会。第一轮比赛,乌龟与兔子赛跑。裁判一声令下,兔子一个箭步冲到了前面,并且遥遥领先。看到乌龟被远远抛在了后面,兔子心想,别急,反正乌龟怎么样也跑不过我,我可以先在树下歇一会儿,然后再接着比赛。于是,它在树荫下坐了下来,悠悠乎,兔子睡着了。乌龟爬啊爬啊,累得背壳上都冒汗,它看见了睡着了的兔子本想过去吱一声,又想想这是比赛,就慢慢从兔子旁边绕了过去,坚持完成了整个赛程。不知过了多久,兔子醒过来,撒腿往前跑,可是,太晚了,裁判已经宣布冠军属于乌龟!

这则寓言故事,可谓家喻户晓。老师传给学生,长大后的学生又传给自己的学生和孩子,一代又一代,复制着一个理论:"勤能补拙"!

当真"勤能补拙"吗?让我们来看第二组镜头——

"那只在竞赛中跑输了的亚军回到了兔子的队伍,大家很不服气,集体找到裁判,请求再来比试一次,要是第二遍又跑输了的话,我们就心服口服!裁判拗不过众多兔子的恳求,于是报告运动会主席,进行第二轮赛跑。

"一声令下,第二轮比赛开始了!乌龟踌躇满志,背着个大壳咚咚咚地向前跑。兔子呢?自从上次比输了之后,就再也不敢麻痹大意了,她全神贯注地投入了比赛当中,不一会儿就到达了终点!乌龟呢?气喘吁吁地,爬到了上次兔子睡觉的地方,可是不见兔子的踪影,它不敢怠慢,继续努力地往前跑!不知过了多久,乌龟终于到达了目的地,抬头一看,兔子早已领走了冠军的奖牌!"

第三组镜头——

"兔子们欢呼跳跃,庆祝比赛的胜利,乌龟们气愤不平,龟国领袖找到裁判,说,你那个竞赛规则我们乌龟不服,我们一致要求,更换参赛队员,撤换前两轮比赛的乌龟和兔子,改变比赛路线,既有陆路又有水路!裁判想了想,这个建议不错,对谁都公平合理,于是报告主席,进行第三轮龟兔竞赛。

"裁判一声令下,第三轮比赛开始了!第一段,陆路赛跑,比赛结果,兔子赢了!第二段,水路赛跑,比赛结果,乌龟赢了!综合评分,龟兔打成平局!"

第一轮比赛,乌龟赢得冠军,第二轮比赛,兔子赢得冠军,第三轮比赛，龟兔平手。三场比赛，给了我们如下启发：

第一，勤未必能补拙，弱势未必能变成优势。

第二，人人都有优势，人人都有弱势。

第三，优势是成功的基本保障，弱势是成功的绊脚石。

第四，我们要正确对待自身的优势，让优势得以发挥最大的效用，也要正确处理好自己的弱势，避免弱势妨碍自己优势的发挥。

有一位赴日官费留学的四川乐山籍青年，在日本九州帝国医科大学学习医学。尽管他在功课上并不怎么吃力，可他总觉得医学不是他的长项，而在文学、历史、诗歌等方面，反而感到更能发挥他的才智。他认为："医生至多不过是医治少数患者肉体上的疾病，要使祖国早日觉醒，站起来斗争，无论如何，必须创立新文学！"基于这样的自我认识，他毅然拒绝了医院的高薪聘请，选择了从事文学创作的道路。这是一次重大的人生转折，他到底是选对了还是选错了呢？告诉你名字就知道了，他就是我国杰出的文学家、诗人、剧作家、考古学家、思想家、古文字学家、历史学家、社会活动家郭沫若先生！

这是一个中途转行成功的事例，类似情况有鲁迅先生、叶永烈先生，另外还有不少一旦认准、百折不回、"衣带渐宽终不悔"的仁人志士。

聂卫平，河北深县人，1952年8月17日出生，六七十年代上山下乡到农村插队。每当大家干活累了，工间休息的时候，有的人要么或坐或躺就地歇息，要么三三两两围起来说笑，只有他，一个人躲到一边僻静的角落，钻研他的黑子圈白子的思维游戏，什么东家长西家短、冷嘲热讽全当没听见！因为他有自知之明，除了围棋，再也没有其他优势，棋中有乾坤，棋里有欢乐，纵使不能出人头地，也比混日子心里充实。如此，日复一日，年复一年，今天，聂卫平已经成为围棋九段棋手，"中国围棋协会副主席兼技术委员会主任"，"中国棋院技术顾问"，1988 年被国家体委授予"棋圣"的称号！——这是当初所没料到的，但也是必然的。下面请看这位"棋圣"的光辉业绩：

1975、1977—79、1981、1983 年全国个人赛冠军；

1979—83、1988—90 年新体育杯冠军；1981 年国手战冠军；

1987—89 年全国十强赛冠军；

1989 年应氏杯亚军；

1990 年王座赛冠军、国手赛冠军、全国八强赛冠军，富士通杯亚军；第 2 届棋王，第 5、6 届中国天元，第 5 届中日天元战优胜；

1994、1995 年东洋证券杯四强，1996 年亚军；

……

人人生来就是冠军，人人都有优势，这个上天赐予人类的宝贵礼物，却被许多人弃之如敝履，呜乎哀哉！

按人口统计一下成功者的人数比例，你会惊讶地发现，大约只有 3% 的人取得了成功，另外 97% 的人只是陪衬红花的绿叶！

绿叶诚可贵，红花价更高！占总人口 3% 的少数，一是内驱力成功型，其自身精神力量已经达到了很高的境界，心灵敏锐，有先知先觉、先见之明，对自己的先天优势具有深刻的洞察力，终生为之奋斗不息！

二是外驱力成功型，他们对自己的先天优势没有那么强的洞察力，但在平常的表现中，被他人所感知，又经他人肯定、点化、培养，被自己所认同，持之以恒，勤奋不辍，终成正果！

占总人口 97% 的大多数，他们的失败，分四种情形：

第一种，先天有优势，有弱势，可是，为了全面发展，他们把优势放在一边，拼命修补弱势。

第二种，他们深信"学海无涯苦作舟，勤能补拙是良训"、"世上无难事，只要肯登攀"，只要一个"勤"字，没有什么是做不到的！

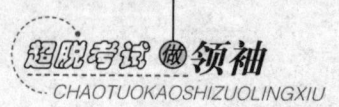

本着这样的信念,他们"枕戈待旦,闻鸡起舞"、"头悬梁,锥刺股",深信"天道酬勤"、"愚公移山"。确实,这一类里面真的有人碰巧如愿以偿,小有所成,可大部分人不免苍天不公壮志未酬的遗憾。

第三种,他们也知道自身慧根浅薄,可是执迷不悟,做一天和尚撞一天钟,活一天算一天;当有人点拨他的时候,也许起初几天热情高涨,可每每发现周围的人们不与之合作,于是就偃旗息鼓、心灰意冷,觉得还是跟他们保持同一阵线心情舒畅,没有压力;再说,当个伟人那么辛苦干吗?不如快活逍遥、颐养天年来得实惠!这类人比例最高。

第四种,是"反天道而行之"的那类人,他们既不看重优势,又不修补弱势,而是以与"天道"作斗争为乐事。可是个人的力量再强,怎斗得过茫茫苍天、历史大势?除了身败名裂,别无他途!

盯紧优势,忽略弱势,把优势发挥到极致,把弱势晾在一边,当优势闪闪发光的时候,弱势的阴影随之淡化。

7、领袖,要超越现实

学校,当初产生的背景,基于现实的生存需要,是为了满足大多数人在成年之前学到必要的谋生本领。而今的学生,毕业以后的职业去向,是他们面对的最大心理压力,生存,是人生头等大事,至于其它,都放在第二位。这样一来,人们的心灵,就完全被局限在生存的界面,没有自由伸展的空间,人们考虑问题,也是局限在生存里头,看不太远。以致学校里的学生,从某种程度上看,变成了现实的"囚徒",毕业之后,来到社会上,也是"囚性"不改。

我认为，教育不应该是这样，**教育应以解放人的心灵为己任。**

当现实与理想自相矛盾的时候，我们之中的精英，未来的领袖，在学生时代，应该如何面对呢？

领袖，既要务实，也要务虚，既要立足现实，也要超越现实！

立足现实，是指学校里规定要学的课都应该用心学，学的出色，将来来到社会上，在职业生涯中崭露头角，在单位里有资格树立威信，增加号召力。**超越现实，**是指为培养自身精神境界来讲的，这种能力，依赖学校和老师是不容易养成的，因为学校是集体活动场所，要求步调一致、整齐划一，学校本身是进行流水线式的"工业"生产，培养批量的知识工人，其资源配置和制度管理，不允许冒"出头鸟"，在这样的环境里，心灵缺乏氧气，不能从事独立自由的思想，要想**独树一帜，标新立异，**只能在体制外、学校的"围墙"之外自己想办法。

当年，爱迪生小时候，在班上总是向老师提一些"古怪"的问题，弄得老师很尴尬，小爱迪生要想在学校呆下去，就必须停止自己的独立思想，闭上自己的嘴，与其他同学保持一致，这样一来，世上就没有爱迪生这个人了，即使有，也与普通人那样结婚生子，然后终老死去，今天的世界，晚上就只好与黑暗共沉沦了。还好，爱迪生的妈妈执着地相信自己对孩子的认识，在家里，用自己的一套独特教学方法，培养儿子的好奇心和超越现实的思考力。当年爱迪生小学的教学模式，如今全世界到处都是，我们作为学生不太有可能天天开着飞机到世界各地巡游，挑选由爱迪生妈妈主办的学校。我们只好自己想办法。

自己想办法，不是让我们在班上破坏班风，当老师讲课正处在兴头上的时候，突然冒出那么一句不着边际的话打乱课堂秩序。我们要想办法在自己的思想世界，独辟一块天地，留给自己独立耕耘。当然这样做，也是有心理压力的，作为未来的领袖，应自己**培养自己坚强的意志力，与外界压力抗衡。**

四、先铸领袖坯，再琢领袖器

哲学只讲两件事，一是认识论，二是方法论。《易经·系辞传》有云："形而上者谓之道，形而下者谓之器"，"道"和"器"讲的就是认识论和方法论，"道"在上，"器"在下，搞清楚了"道"的原理，在"器"上才能有所作为。

人生之初的学生阶段，也应将"道"作为学习的重点，"器"服从于"道"。学习，乃是一个人在其生命周期内，采取高效速成的能量吸收大法，这是一个非常便利的成长途径，地球上所有生命群体中，惟有人类发明了这种集体进化方法。正如此，人类才配得上万物之灵的称号！

1、为什么要学——领袖的目标

哲学只讲两件事，一是认识论，二是方法论。《易经·系辞传》孔子云："形而上者谓之道，形而下者谓之器"，"道"和"器"讲的就是认识论和方法论，"道"在上，"器"在下，搞清楚了"道"的原理，在"器"上才能有所作为。

本书第一章，曾论述人生之"道"，在于"与天地合其德"。本章主要讲述"夫大人者"如何"与日月合其时，与四时合其序"。我想，弄清了这两个问题，"学习的哲学"基本轮廓就大体定型了。

万事万物都在追求成长，作为人类，肉体的成长需要吸收物质的养分，精神的成长需要吸收精神的养分。**吸收精神养分的主要形式是学习**。学习，有个体在实践中的直接学习，有向先辈取经的间接学习。尤其是发达的今天，学习内容的深度和广度已非古人所比，而人的寿命有限，间接学习就显得越发重要。

学习是为了成长，这是最基本的认识；人是社会的人，个体的学习，必须**与社会发展状况相和谐**，这是第二个认识；第三，个体的学习必须**符合自身特殊的、潜在的素质条件**。

为自身而学，所学的东西必须对自身有益！为社会大众而学，所学的东西必须对社会大众有益！社会高速发展，已经不容许人们慢慢腾腾地学。学，就要有速度，学得高效！同时，人还要对自己讲点仁义，不要学得那么苦、那么累，要学得快乐，学得轻松自在！

平常学生不知为何而学，当初是父母送其上学，日后上学只是个习惯动作，并不作多想。而领袖级学生，上学目的明确，目标具体：

为当领袖而学!

学校当局定义的优秀学生标准是：一、尊敬师长，遵纪守法；二、学习成绩好，考试得高分。下面我们来分析该标准的含义：标准一，乖乖生，听话，顺从，在班上不说出格话，不做出格事，好管，不费心。那么，标准一的制定是站在谁的立场、以谁为中心的呢？学校立场、班主任中心！非学生立场、学生中心！如果我们的教育不是站在学生立场，为学生的将来作打算，这符合国家教育理念吗？这类所谓优秀学生，即使考上重点大学，长大后，很可能成为一个墨守成规、因循守旧的平庸人物，难得有重大技术与思想突破。标准二、考试得高分，其实很容易，上课认真听讲，不开小差，课内课外勤奋作业，节假日牺牲娱乐到处补课，于是高分就成了。得了高分又怎样呢？人情世故不懂，国家大事不知，生活贫乏单调，只会动笔，不会动手，大学毕业了，只是添加了一个眼高手低的毕业生数字而已！说到底，这类学生，非为自己而学，非为国家而学，而是为考试而学，为家长而学，为老师而学，最终是为学校争取名誉扩大生源而学！这样的教育和教学，形象化的比喻，应叫做"知识灌装流水线"，学生，就是那流水线上的"瓶子"，仅此而已。

教育要培育人才，培育思想性、创造性、革命性人才！如否，就是浪费！人才的浪费是比粮食的浪费性质上更为恶劣的浪费！在中国，和平发展的大好形势，正为我们提供了一个培育英才、将才和领袖的好条件好环境！

领袖！这是个至高无上的目标，不但具有持续激励作用，而且影响一个人气质性格的全部，甚至膨胀到"无法控制"的地步。"无法控制"并非指人无法控制自己的坏脾气或者感情冲动，恰恰相反，非常能够控制自己的坏脾气以及感情冲动。他对自己的要求很高，事事都要比人强，事事都要做到尽善尽美，所以他的"无法控制"是指

无法控制地想要出人头地。

美国前总统克林顿是"无法控制型"领袖人格的典型。在他很小的时候，母亲改嫁，嫁给了一个酒鬼、一个吃喝嫖赌甚至经常动手打妻子的男人。克林顿很小的时候，就不得不挺身而出去保护母亲，并暗暗在心里立下志向：一定要快快成长，强大起来，不让任何人欺负母亲和弟弟妹妹。克林顿最终成了美国总统，不过，代价却是，他在漫长的时间里都无法快乐，无法消除生怕不成功的焦虑。

在领袖级学生的心灵里，始终活动着一个关于目标的形象，这个形象是高大清晰而稳定，还是轮廓模糊和闪烁，两者存在明显的激励效果差异，影响领袖目标实际达成的难易。老子在其著名的《道德经》里这样写道："取法乎上，得乎其中；取法乎中，得乎其下"，意思是你若想达到中等水平，你的目标必须设在上等水平。你若想达到上等水平，你的目标必须设在上上水平。这句话旨在说明：无论是治学还是立事，一定要志存高远，并为之努力奋斗，才有可能登峰造极。学习目标的设定，要分清社会大势，预测形势发展，同时结合自身的内在条件，这样就稳定（立志长），而不会重复平庸学生制定目标时的随意性（常立志）。稳定目标指导下的人生，精神能量集中在优势上，可以点燃生命激情，驱使人发奋图强，随意变动目标下的人生，精神能量容易耗散在不相干的事物上，达不到"燃烧"学业与事业的温度，自然生命暗淡，毫无亮色。

2、学什么——领袖之道与庸人之器

同是单晶硅，如果里面添加了少量的"磷"，就变成了"P型半导体"，如果添加了少量的"锗"，就变成了"N型半导体"。可见，**组成物质的成分不同，其物性和功能不一样。**

同一位高中毕业生，假如填报志愿时报的是"地质"专业，他将来很可能朝"勘探工程师"方向发展；假如报的是"医学"专业，那么他将来很可能朝"医生"方向发展。学什么，将影响到一个人的职业生涯、发展方向、家庭结构、社会关系和他对人生意义的理解。

学什么，是仅次于第二位的人生课题。历史上，有很多人给我们留下了很好的榜样。其中，毛泽东早年在长沙求学时的经历，很值得在这里描述一番。

1936年，美国记者埃德加·斯诺，来到了中国的延安，实地采访了当时红军最高领导人毛泽东。下面是毛泽东的自述：

"我在这所师范学校学习了5年，设法抵住了一切广告的诱惑。最后，我得到了文凭。我在湖南省立第一师范学校的生活中，发生的事很多，我的政治思想也在这一时期开始形成。在这里，我也获得了社会活动的最初经验。

"这所学校有很多规则，我同意的很少。例如，我反对把自然科学列入必修课程。我想专攻社会科学课程，自然科学并不特别令我感兴趣，我不学它们，所以我在这大多数课程上分数很差。我最讨厌的一门必修课是静物写生，我认为这门课程极端愚蠢，我总是尽可能地想出一个最简单的东西来画，匆匆画完就离开课堂。我记得有一次画了一幅'半壁见海日'，就是一条直线，上面一个半圆。又有一次考试，我画了一个椭圆，我称之为鸡蛋，结果得了40分，没有及格。好在我的社会科学课程分数都很突出，可以拉平在另外这些科目上的坏分数。"

少年时的毛泽东，就立下了志向，确立了人生奋斗目标，当他发现学校里所开设的课程中，有许多不符合他的目标时，他就开始**自行设计自己的知识结构**，哪怕与学校的规定相左，也要坚持自己的主张。他知道，尽管他目前上的是师范，将来毕业当小学教员，可是，为了实现自己的远大抱负，超脱现行教育，他选择了社会科学，并且学得"很突出"，放弃了自然科学和绘画等等与理想目标没有太大关系的课程。——除了胆量，还需要有自我认识的智能。

当然，我们得承认，中小学是打基础阶段，各门功课都很重要，各门功课的老师都强调说，为了考上重点中学和大学，大家要齐头并进平衡发展。于是，很多学生为了照顾"平衡"，撇开平时学得最好的几门课，改攻最差的弱项——做起"剜肉补疮疤"的事情来！

想想看什么叫"平衡"？**平衡就是平庸啊！**硬要把人从有差别的状况扭转成无差别的状况，"削足适履"，到底是培养人才还是自我摧残呢？

冠军和亚军相差多少？100米赛跑，也许只差0.01秒，冠军有口皆碑，而记得亚军姓名的寥寥无几。奖金呢？冠军1000万，亚军可能不足100万，相差900万还不止！可是再回过头来看看他们的实际成绩，冠军9秒70，亚军9秒71，仅相差九百七十分之一，就造成了如此巨大的差别！

伟人与凡人之间，可能连九百七十分之一的差别都不到哩！

下面我们用一个简单的算式，来说明这个问题。

假设有甲、乙、丙三人，是同卵三胞胎所生，他们生命的总能量都是100，他们的全部人生同样要做5件事情，现在，甲、乙、丙采用不同的人生策略，来做这5件事：

三兄弟	生命总量	人生策略				
		A	B	C	D	E
甲	100	20	20	20	20	20
乙	100	20	20	30	20	10
丙	100	40	10	20	10	20

好，权且就让我们当一回裁判，看看将来谁是冠军，谁是亚军和季军？按照我们现今社会的判定标准，所谓成功，就是在某一项上面做得比其他人更出色，换句话说，就是比社会的平均值要高。

平均值 ū = Σ（Ai + Bi + Ci + Di + Ei）／Σi = 20

甲：A=ū， B=ū， C=ū， D=ū， E=ū

乙：A=ū， B=ū， C>ū， D=ū， E<ū

丙：A>>ū， B<ū， C=ū， D<ū， E=ū

先看甲，甲的各项成绩都等于社会平均值，属于平衡发展的类型，没有任何的缺点与不足，可是也没有任何的优越表现。可见，甲是一个标准的社会公民，却也是一个平庸之人。

再看乙，乙在C项上的成绩超过社会平均值，说明乙在C项上是有所作为的，尽管他在E项上有些逊色，但无碍大局；作为乙，他在下一步的计划，有可能朝两个方向发展：一个方向是，继续在C的长项上下功夫，使之达到社会的至高点，这是走丙的路线；另一个方向是，反正C项上已经超过人家了，暂时先放一放，将下一步的精力集中在有缺点的E项上去，争取使E项尽量靠近平均值，不要让E拖了后腿，这是走甲的路线。

最后我们来看丙，丙在A项上的成绩大大超过了社会平均值，夺得冠军的潜力最大。尽管他在B项和D项上的技能不如甲和乙，但你可要知道"瑕不掩瑜"的大道理，丙的光辉，将会罩住他所有的缺点！是啊，当你为社会做出了巨大贡献之后，谁还会在意那小小的细节呢？

无论从为社会作贡献的角度，还是从优胜劣汰竞争的角度去看，丙的策略是最优策略！1993年成立的国际21世纪教育委员会向联合国教科文组织提交了一份报告，该报告分前景、原则、方针三个部分，在第二部分《原则》第4章里，为21世纪的教育提出了四项任务：学会认知、学会做事、学会共同生活、学会生存。可见，具体课程的学习仅仅只占四项任务之一。

在一本由美国的珍妮特·沃斯和新西兰的戈登·德莱顿合著的《学习的革命》著作中，提出了"学习的四个层面"观点，即，最高层面：自尊和人格，第二层面：生活技能，第三层面：学习怎样学习，第四层面：具备特定的基本学术能力、体能和艺术能力。

由上推知，**学习人格比学习技能重要，学习怎样学习比学习内容重要**！

所以，作为 21 世纪的教师，再也不能把教学的重点定位在如何教授知识上面，学生也不能将学习重点定位在数理化生等具体的知识性课程上面。我们要重新设计教育，重新设计学习，重新设计教材的内容和结构。以上的"国际 21 世纪教育委员会"的报告和《学习的革命》，为我们"学习什么"提供了一个指南。

人类的知识，大多表示过去式，是对过去经验的总结与升华，知识里面所蕴涵的规律，也是基于过去对未来的推断，不能充分表达未来社会的状态。鉴于此，笔者建议，**具有领袖之志的年轻人，应为未来而学**。在为自己设计知识结构时，应敏感洞察未来动向，努力捕捉未来信号，准确预测未来需要哪些门类的知识技能，提早在今天做好准备。这个未来有多远呢？电灯的发明在 1880 年，大量使用在 1890 年，间隔 10 年；飞机的发明在 1903 年，规模投入使用在一战期间，间隔 10 年；电子计算机的发明始于 1946 年，操作系统诞生于 1969 年，间隔 23 年；计算机网络始于 1990 年，间隔 21 年；DNA 构造的提出在 1953 年，人类第一张基因图谱出现在 1996 年，间隔 43 年；环保概念的提出在 1962 年，正式实施在 1980 年代，间隔 20 年；人类重大发现和发明，到正式投入应用，中间大约间隔 10～40 年，与我们从求学到走入工作岗位的时间相符，因此，"机遇，总是偏爱有准备的头脑"！

四、先铸领袖坯，再琢领袖器

3、怎样学——领袖学习法

记得上高中时,刚赶上恢复高考,老师们经常耳提面命要"认真"、"勤奋"、"刻苦"、"用功",用苏秦张仪"头悬梁,锥刺股"的典故鞭策我们,用华罗庚、陈景润的故事勉励我们,有位以严厉著称的数学老师更形象地比喻说:"平时不吃瓦片碴子,到时就屙不出金砖来!",所谓"吃瓦片碴子"就是"吃苦","金砖"指的是"大学",农村孩子上大学叫"抱金砖"。那个时代,为了改变命运,别说"吃瓦片碴子",就是把我们投进太上老君"八卦炉"里炼上十天半个月,我们也会奋不顾身跳进去。但今天再回过头来看,那时关于学习的成功经验,确实有点粗糙和违反人性,以皮肉之苦换来的成功,在孙子兵法十三篇里,只能归为"下策"了。

恢复高考33年后的今天,同学们在学习方法上进步如何呢?打开"中国图书网"网站,输入关键词"学习法",立时弹出559种现货商品,排位第一的书名叫《四级词汇可以这样记忆——单词与词组拆分学习法》,鼠标往下拖动,《倍速学习法》、《高效学习法》、《自然学习法》、《五进阶学习法》、《词串学习法》、《心智图学习法》……一一印入眼帘,然后定位,点击,内容简介:"重难点突破法;易错点辨析法;高效能解题法;章复习法;零距离备考法。",再点击其它学习法的书,给我一个总的印象,"学习法"就是"学习技巧":"解题技巧"、"记忆技巧"、"思维技巧"、"复习技巧"、"考试技巧"。窥一斑而见全豹,我们的教学,是知识的教学,我们的学习方法,是学习知识的技巧,从小学到高中12年,大学4年,共16年的人生岁月,

足足把我们的"天赋领袖"们武装成"技巧领袖"了!

技巧!中国最伟大的发明就是"技巧"!战国策——政治技巧;孙子兵法——军事技巧;曾国藩——做人技巧;厚黑学——做官技巧……;中国是一个技巧大国!所以国际乒乓赛冠军,天然属于中国!

技巧,在孔子的哲学思想范畴里,属于"器",处于"道"的下位!"道"的东西,关乎宇宙真理、自然法则、安邦治国、民生教化,这是一个国家的灵魂!关乎生命哲理、信仰、信念、理想、奋斗目标,这是一个人的灵魂!而"器",只是围绕衣食住行而展开的、技术、科学、工程、经济等工具性东西。一个国家的教育,只关注技巧,到头来,等于把自己放在工具性"器"的位置。那么灵魂呢?"道"的高度呢?试问,没有灵魂、核心的、根本的战略指导思想,我们个人、我们国家,还有真正的文明和强大的、美好的未来吗?

作者认为,**学习,固然要讲究战术和技巧,更应重视战略和思想!**

关于"怎样学",从目前的认识水平,可以借鉴别国经验,从"学习的四个层面"和"教育的四项任务"入手。下面分部谈谈与"怎样学"有关的几个宏观方法问题,仅供参考。

(1) 学习的策略

● 战局未开,胜负已定——心理状态对领袖的影响

平常都是老师怎样教,学生就怎样学,何来学习的策略?与战争、商业、产品研发、体育竞技等相比,学习活动更需要讲究策略,因为学习活动不同于项目管理,项目完成了,活动就结束了,学习活动,牵连到学生一辈子关乎人格成长的大原则问题,牵连到国家未来发展大战略问题,更需要策略设计、研究、试验、比较。

学习策略的设计是一项系统工程,形象化比喻,好比"正四面体晶

体结构",心理状态、学习内容、学习环境、学习方法是"晶体"的四个结点,学习策略是"晶体"的核心,心理状态位于"晶体"的顶点。

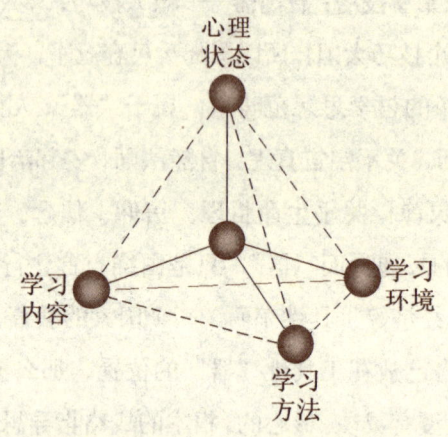

在国际奥运比赛中,心理状态对竞技成绩的影响甚至超过技能本身的报道屡见不鲜;象商务谈判、战场打仗,心理状态对能否取胜所起的作用就非常大;宇航员的选拔,一个首要因素就是心理素质!

从1999年开始,中科院心理所研究员王极盛,对200位高考状元做过研究,发现在20个影响高考成绩的因素中排在第一位的是考生考试中的心理状态,第二位是考生考前的心理状态,第三位是学习方法,第四位才是知识基础。可见心理状态在人生关键时刻的重要性。

生理状态影响心理状态,对此科学界已作了定论。举例来说,当你胃部胀痛生病,上课时就很难集中注意力听讲。被誉为"日本的爱迪生"的中松义郎先生,写了一本《头脑革命》(青岛出版社1998年版),书中介绍了使大脑变聪明的5个方法:

①食:健脑食品,一日一餐,排出体内毒素;

②饮:健脑饮料,母乳、大豆、海产品;

③炼:潜泳、深呼吸;

④睡：4～6小时高质量睡眠；

⑤性：安排在24岁以后。

这是指肉体的生理状态对心理的影响。另外，学习时的姿态也很重要，整洁的穿着、梳理过的头发、端正的坐姿、全身放松的肌肉、万念归一的心智，是培养良好心理状态的重要辅助条件。

科学家们还发现，脑部中枢神经四种不同的脑电波，对心理状态的影响很大：

β波：当人处于有意识时的脑波。在13～25Hz的波段上运行着。当你清醒、专心、保持警觉时，或是在思考、分析、说话、积极行动时，人脑就会发出这种电波。

α波：当人放松身心、入定沉思时的脑波。在8～13Hz的波段上运行着。当你在作想象、遐思、入静、与潜意识沟通时，人脑就会发出这种电波。这是一种放松性警觉状态。

θ波：当人耽于幻想或睡意朦胧时发出的脑电波。在4～7Hz的波段上运行着。这时你的心灵正在处理白天的资讯，你的灵感可能就在此时乍现。

δ波：当人沉睡无梦时发出的脑波。在1/2～3Hz的波段上运行着。

什么是最适合学习的脑波？这得视情况而定。当你需要接收大量科学资讯，以便了解某种事物时，你最好是处于β波状态。但根据研究，了解该项事物之后，整合资讯的最佳时机则是当你处于放松性警觉状态，这时你的大脑发出的是α波。

当你处于β波状态时，你正集中注意于你手边的事情，或正处理日常活动，但你的直觉之门不是敞开的，此时你的身心是"只见树木不见森林"。而当你处于α脑波状态时，你的身心放松，心灵是呈开放状态的。α脑波似乎是可以让你进入潜意识中的脑波。许多学者认为，**当你处于放松性警觉状态时，你可以最有效地将资讯存入长**

期记忆。学习外语，最能证明这种说法。每当 α 脑波（事实上，θ 波也是）最强势时，专司逻辑思维的左脑就会放松警觉性，这时，心灵更深层次的直觉、情感和创意就开始发挥作用。

怎样获得 α 波状态呢？许多人通过每天的静心或放松性活动、特别是深呼吸来取得。但是，教师们确信，如果将巴洛克风格的音乐与上课听讲、读书、复习、思考、写作等学习活动一同播放，能使你更快、更容易地取得这些效果。美国快速学习先驱 Terry·Wyler·Webb 指出："这些类型的音乐节奏有助于放松身体、安抚呼吸、平静 β 波振颤，并引发极易于进行新信息学习的、舒缓的放松性警觉状态。"研究人员发现，巴洛克音乐每分钟 60～70 拍的节奏与 α 脑电波一致。

下面介绍几组有助于轻松快速学习的巴洛克音乐选段：

贝多芬《D大调小提琴与乐队协奏曲》作品第 61 号

柴科夫斯基《降B小调钢琴与乐队第一协奏曲》

莫扎特《D大调小提琴与乐队第七协奏曲》

海顿《F大调第 67 交响曲》、《B大调第 69 交响曲》

亨德尔《水上音乐》

巴赫《G大调幻想曲》、《C小调幻想曲》、《D小调三重奏》

古代将士在作战前，往往要举行一些仪式，如拜祭天地、卜筮占卦、饮血盟誓、高呼口号、擂鼓鸣号，其目的无非是为了营造一种必胜的心理氛围，激励将士们的勇猛斗志。

学习活动也可以创造几个特殊的仪式：

①早上一觉醒来，用劲举起双臂，大喊："我今天好极了！我真棒！"

②洗脸，面对镜子，微笑，赞美自己："我的状态好极了，我真棒！"

③晨跑，站在高地、山顶、或江海边，迎向太阳，振臂高呼："我是成功者！我真棒！"

④上课铃响了，默默自语："我是个自信的人，我是个积极的人，我是个专注的人！我喜欢××课，我喜欢××老师！我真棒！"

⑤下课了，自言自语："这堂课里，我表现真棒！"

刚开始也许感觉害羞不习惯，但坚持下来，次数多了之后，你会发现，"我真的很棒！"，你拥有了成功者的心态！——**你的潜意识自动地将你发布给它的指令，悄无声息地完成。**

● 先搭结构，再选内容——东方学习智慧

成功者，喜欢自己设计自己的知识结构。比如获得诺贝尔物理奖的李政道先生，早年在西南联大读书时，选的是物理专业，这是一门实验科学，但当时正值日本侵华时期，极端缺乏实验条件，一心想当物理学家的李政道，根据这种情况，进行自我设计，专修理论物理。

二十一世纪的学习结构，应包含如下四门课程：

①人格成长课程：如：自尊、信心、信仰、使命、理想、目标、意志、生涯规划等内容；

②生活技能课程：如逆境生存、自我管理、人际关系、经济生活、家庭生活、职业生涯、自我保护等内容；

③学习如何学习课程：如本章所讲内容；

④具体技能主题课程：如工程、科学、艺术、体能等内容。

目前的情况是，学校教育中，知识性课程占首位，主要集中在第四个层次中的科学和工程部分，可学生将来真正进入科学和工程领域的人数毕竟很少，大部分的学习内容被荒废，派不上用场；而对于整个一生最重要的课程，如人格成长、学习如何学习和生活技能等，在当前的学校里却很少安排。结果，大部分学生一旦走进社会，都经受了严重的挫折感：一是觉得社会现实太复杂，应付不过来；二是觉得不能学以致用，现实状况和所学内容大不一样。

如果不改变这种状况，学生聪明才智受知识所困，真正的实力发挥不出来，国家人力资源和在教育上所花费的物质资源同时被浪费。这是和平时期状况，所有的弊端都隐性地存在着。

如果碰到世界性的事件，如战争、大面积自然灾害、或局部地区的社会动荡，教育的弊端就由隐性变成了显性，问题将更加突出。

其实，学习的途径有很多种，学校只是其中的一种。而现今人们只承认学校的作用，追踪起来，是人的观念深处受了"官本位"思想的牵连，凡是"官方"认可的都是正确的，其它途径就不加重视。这种观念的狭隘性，导致民族创造性被抑制！

目标明确、理想远大的领袖级学生，如果他祖祖辈辈生活在西方，则应按西方思维特点搭建知识结构，如爱因斯坦，大学时数学成绩并不好，但在后来研究相对论时，便按照与相对论相关课题重建知识结构，重新学习有关数学内容；如果他属于东方人，则应按东方思维优势搭建知识结构，如鲁迅先生由医学转向文学时，便按照东方文化与思维特点搭建自己的文学艺术知识结构，狠抓基础功底，并在学习中创新，从而成为上世纪初民族新文化巨匠。郭沫若、叶永烈先生亦是如此。

● 把整个世界作为教室——有氧环境和无氧环境

传统教育，是把大量同龄学生集中在一间大教室里，由老师对所有学生讲授同样的内容。它的优点有三：一，便于校方管理；二，容易实现知识的大批量生产，速度快，成本低；三，不用教师们到社会一线受苦受累、动手动脑，只需轻轻松松动动嘴巴便可。这种教学方式，说穿了，是以校方为主体、学生为客体的教育方式，它的弊端有三：一，由于管理上的便利和一致性，忽视了差异性，阻碍了学生们个性化的健康发展；二，快速的"工业化生产"，忽略了知识取得的原始过程，剥夺了学生们实践探索的机会，他们学来的知识是现成的、没有经过亲身实践验证的、印象是肤浅的，结果，"生产"出来的不是知识，而是书呆子；三，知识取得的轻松便利，通过潜移默化的影响，容易养成凡事不求甚解、不愿劳动只讲享受的习惯，不利于学生健全人格的培养。

还有，大教室里面，空间闭塞、空气流通不畅、二氧化碳、噪音、灰尘、体臭、单调的布置、排排而坐的愁眉苦脸、不苟言笑的严肃表情，……，都是对学习的负面干扰！

教室，不是教学的最佳场所。

好的教学场所：

①显得活跃和充满激情；而不是沉闷得令人昏昏欲睡；

②放满许多吸引人的材料，例如，艺术设备、科学材料，可以触摸、敲打与值得思考的东西；而不是除了墙上贴着几张破旧的广告画和宣传栏外，什么也没有；

③学生在里面建筑、绘画、阅读、收集、写作、联系、做实验、创造、革新、发明；而不是只有做练习、看教材或是听老师讲课；

④教室里有足够的、各种各样的空间，供学生进行小组讨论、身体运动、安静地学习或创造性地"消耗时间"；而不是除了满满的桌椅板凳外什么也没有。

一个好的教学环境，一定是一个有利于培养人格和能力的地方，这个地方，还是要从人的实际生活中去找，而不必采取封闭隔离式的设计。家庭、社区、集市、医院、厂矿、军队、政府机关、大自然，都是从事教学的好地方。而学校，应成为人们的学习资源配置中心、心得交流、学习研讨的公共场所。

人可以在工作中学，在生活中学，在逆境与挫折中学，还可以在感觉有欠缺的时候边补边学。活的环境一定胜过死的环境！

活的环境,有色彩,有动画,有天籁之音,有负氧离子,有流动的风水,有思想感情的撞击,有振奋情志的人文事件,有奋斗的激情,有学习的助力,有成功的向往!

让我们为营造一个充满生机的学习环境而努力吧!——把整个世界作为教室!

● 道的方法和器的方法——领袖和庸人的分水岭

每次逛书店,走到教育书架,发现谈使命目标理想斗志的书少,谈方法技巧题型应考的书多,海淀兵法、黄冈兵法、启东兵法、概念作文、解题技巧简直铺天盖地,一茬接一茬,似乎做学生就是如何解题写作文,什么使命理想好象是毕业后成年人的事。结果呢?一大批的学生人到中年,仍然茫然四顾,找不到灵魂的归宿。——这是一大误区!误来误去又是谁在误谁呢?原来写书卖书的都是教师们自己,是教师们自己忘记了教育的使命、冷却了求真的斗志!然后,回到教室来,就又是方法又是技巧,整个人生被淹没在方法和技巧堆积起来的积木方块里!

学校是人生的第一站,学生们在学校里养成了注重方法技巧的习惯之后,到了社会上,照样也是只见树木不见森林,一生被方法和技巧所累,很少抬起头来思考处于方法上位的东西。就象一名百战百胜的将军,打仗是好手,可是终其一生替腐朽没落的统治阶级打仗,却茫然无知!

立志长大当领袖的同学们,要以冷静的头脑对待今日的应试教育,以辩证的思维对待学校的课程教学,无论我们的校长大人、我们尊敬的老师如何宣传知识的重要性、如何强调学习技巧的作用,我们首先都要明白并记住孔子的教诲:"形而上者谓之道,形而下者谓之器"。先在思想上解决人生信仰、使命、理想、目标等"道"的问题,然后找到自己的智能优势,选择适合自己的"器"位上的学习方法。

工欲善其事,必先利其器。"器"的好坏,学习方法是否合用,影响学习效率和达成目标的进程,因此,我们不能眼高手低,顾此失彼,顾"道"失"器"。

领袖和庸人,在学习法上的最大区别,是"林"和"木"的关系。领袖见林又见木,知道自己现在在哪里,知道自己想要什么,了解自己通过什么途径与方法实现他想要的。庸人见木不见林,不知自己的优势在哪里,不知自己最适合采用什么方法学习最有效,社会热什么学什么,碰到什么学什么,学到哪里算哪里,学到多少算多少。领袖和庸人的分水岭就在这里。

下面分专节介绍学习方法。

(2) 通用学习法

通用学习法的理论基础,根源于不同种族、肤色、语言、信仰的人类具有相同的大脑生理构造,具有相近的思维逻辑。

● 通用学习法之一:为当领袖而读书——目标关联法

在决定学习任何内容之前,先自问:

(1) 这个内容与我的人生目标有何关联?与目标主线相关?还是与支线相关?还是无关?

(2) 如果无关,就坚决放弃;如果与支线相关,就采取选学、略学、摘要学、推迟学;如果与主线正相关,那么就进入第(3)。

(3) 我喜欢学习它吗?如果不喜欢,就转换心态,想办法让自己喜欢,想想学好了有哪些好处,也许学会了就喜欢了。

(4) 学习完成的最后期限?学习熟练的程度?

(5) 设法找到有谁学习过该内容？谁掌握得很出色、很优秀？甚至可以当我的私人教练、老师、朋友？

(6) 他有过哪些成功的经验？失败的教训？

以上可以在思想中进行，自问自答，当有了正面的答案之后，便可以学下去了。

● 通用学习法之二：学习可以不辛苦——快乐驱动法

大家都看过动物杂技表演，如海豚顶球、猴子骑车、马算算术、狗熊投篮……不一而足。也许你只顾到动物们精湛的表演，很少留意驯兽员背后的小动作：每当动物们成功地完成了一项技巧，就给它奖赏一颗食物！如果有兴趣参观动物训练场，你将会从那里得到一个有益的启示：**动物们的学习，是在快乐的气氛中进行的！**

人不同于动物，但人在本质上仍属于动物。

人的学习和劳动，若在快乐的气氛中进行，效果将会更好。

孩童时期，为了学习走路，你是多么的高兴，爸爸的鼓励、妈妈张开双臂的迎接姿态、叔叔们的夸奖、阿姨们的笑脸，全都给了你！即使膝盖摔破了皮，妈妈那含泪的一吻，痛感即刻消失了！

到了三、四岁的年龄，为了学习数数，你是多么的快乐，赞美、笑脸、糖果、玩具——包围着你！你学得那样的快速，乐得爷爷奶奶笑不拢嘴！

然后，上了幼儿园、小学、中学、大学，随着学习内容的加多、加深、加难，孩子们得到的快乐越来越少了，大人们的赞美和笑脸也不见了，学习变成了一件痛苦的事情，头痛、失眠、厌学、记忆力下降、精神恍惚，什么毛病都出来了！

我的女儿有篇作文，里面写了这样一段话："儿童时，我的天空是蓝的；上小学，我的天空有时是蓝的；上中学，我的天空变成了灰色，再也没有见到晴朗的蓝天！"女儿讲的"蓝天"，我猜想指的就是"快乐"。

可是，如果换一个场景，学习另外的项目，如打球、跳舞、唱歌、下棋、野炊、攀岩、跳伞、滑雪、漂流、……，却又是那样的快乐，那样的聪明绝顶！

同样是学习，为什么一个感觉痛苦、一个感觉快乐、一个学得那么艰难、一个学得那么轻松？

问题在前者违背了"快乐原则"，后者遵循了"快乐原则"！

教和学两种活动，应遵循"快乐原则"，率性而为——这是人类与生俱来的自然本性。我们只有顺从自己的本性，才能得到好的效果。

那么，如何将学习与快乐结合起来呢？

首先，让我们看看漂流、滑翔和跳伞为什么很快乐！这三样都是充满生命危险的游戏，可是，在当事人的感觉里，他觉得他征服了河流、天空和大地对他长期以来的束缚，他觉得在征服大自然的过程中，他变得很伟大、很有气魄、很有力量，他完全释放了自己的全部感情！这三样活动，每一样都需要高度的技巧，其难度丝毫不比学习文字教材要少，可是他学得那样的投入，那样的高效！这是在课堂上找不到的满足！

我们再看看唱歌、跳舞为什么很快乐？因为唱歌跳舞，给她提供了人生的大舞台，她可以自由自主地展示自己的美妙，她的美妙让别人赞赏，也令自己激动，其中有身体动作、有优美的节奏、有情感宣泄、有即兴创造，——体现了她的美好与机智！这是在课堂上找不到的满足！

野炊为什么很快乐？因为在野炊中，人们可以自己动手劳动，自己体验劳动的成果，而且在劳动中沟通感情、建立友情、活跃思想、放松脸部肌肉、开阔眼界、亲近大自然真实情怀！这是在课堂上找不到的满足!

下棋为什么很快乐？因为下棋，使他感觉到他俨然是一位国家大统帅，正率领千军万马同敌人作战，他要眼观六路、耳听八方、瞻前顾后、运筹帷幄、明察秋毫、提高警惕、保家卫国，如果稍有不慎，将痛失三军！下棋，体现了他的才智，展示了他的高瞻远瞩！这是在课堂上找不到的满足！

如果我们在教和学的过程中，吸取以上的游戏经验，将它们按照加德纳"多元智能理论"的方法移植到课堂上，让教学过程充分展示一个人所有的动物本能和人的战争、统治、征服、表现、机智、社交、友谊、情感释放等等欲望，那么，我相信，学习是快乐的，也是高效的！

● 通用学习法之三：兵家打仗先击鼓——激发斗志法

①每次学习功课前、做题前、考试前、上台发言前、班级开会前、以及各项重大活动前，先在心里默默地祝愿："我是好样的，我真棒！"。祝愿的时候，以内在眼睛观看，有一个镇定、自信、高大、光辉的自己，在干着最棒的事情！然后，把它交给潜意识，把心收回，不再去管它。

②永远把自己最优势的智能、最擅长的事情、成绩最好的功课放在第一位，并且使它好上加好！

③当把事情100%做对了，要及时奖励自己，庆祝每一次的成功！当把事情70%做对了，要赞美自己做对了70%！当把事情30%做对了，也要赞美自己"做得不错，这么难的题目，居然做对了30%！"

④及时奖励之后，要自我勉励："既然我能做对70%，那么，如果再加把劲，应该能做对80%甚至100%才对！"

⑤如果你是一位教师，则请你把以上3条中的"自己"和"我"

的称呼改为你的学生:"你"!

⑥然后指导你的学生,告诉他如何正确地思考,而不是斥责。

● 通用学习法之四:驾驶飞机去上学——整体俯瞰法

如果突然问你上海市区的概况,你肯定答不上来,即使花个三五年走完每条街道,也是迷迷糊糊,但假如登上黄浦江边的"东方明珠电视塔",再整体俯瞰上海市,便立即有了一个总体大印象。再假如驾驶直升飞机看上海,就更清楚了。

学习活动不妨借用此法。先读读内容提要,看一遍目录大纲,再读读前言后记,该书的概貌就有了。然后,把每一章节的提要、重点提示、写有着重号的地方翻阅一遍,深入一些的印象便出来了。再然后,一章一章一节一节地学下去,自然就"纲举目张",巨细无遗了。

由整体把握细节,比从细节把握整体,对学习内容的理解更透彻。如果不管三七二十一,拿起书就啃,啃到中途啃不动了,就怀疑自己基础没打好,于是又回过头去补基础,一个来回又一个来回地折腾,既浪费了时间,进度又慢,学习的兴趣和信心也丧失了,甚至半途而废。

其实大可不必如此大费周折,在难点上花再多的精力,也无济于事,只需把不懂的地方跳过去,继续往前推进,等把整个内容全弄完了,原来的难点自然而然就理解了。这是因为**先把握了整体之后,再以整体为依据,部分就很容易理解,部分之间的关联就看得很清楚。**

有人说学习要循序渐进,一点一滴地积累,整体俯瞰法与之并无矛盾。中途放过疑点,不是说就此辍学,放过不管,而是站在整体视角看疑点,从联系的观点看疑点,这要比"庐山之中看庐山"看得更为清晰完整。——这正是我们东方人的思维优势。

● 通用学习法之五：误人的十全十美——八成原则

有人认为，学习成功的标志，就是100%地消化吸收当下的内容，等完全掌握了，再往下学习新知。可是，这是最最理想的情形，实际情况是，100%的十全十美，在当事人的心理上造成一种压力和逼迫感，这种感觉将减缓学习的进度。

有人统计过，世界上80%的财富，掌握在20%的人手里；80%的刑事案件，是20%的人犯下的；80%的时间，浪费在20%的问题里！

学习活动也这样，80%的精力，往往花费在20%的内容上！有些人不懂这个规律，碰到难题之后，便死劲地在上面纠缠，有时越纠缠越解决不了，后面的学习也进行不下去，——卡壳了！他们的内心似乎有个假设：只有前面的弄懂了，才能开展后面内容的学习。

有经验的人士很清楚，把脑力和时间纠缠在难点上，对解决问题毫无帮助。他们采取的策略，是把难题先搁置下来，绕过去，掌握80%的程度就继续往前学习，等学到了前面的某个地方，以前遗留的问题便自然解开了。这实际上与整体学习法不谋而合。

那么，"八成原则"是不是教我们学习可以不求甚解呢？非也。八成只是暂时的八成，当我们学完了全部，有了时间，再回过头来学到九成、十成，完全可以办到！所以，**以整体的视角看20%，20%就迎刃而解**，暂时的缺点不是永久的缺点，放过自己一码，不要强迫追求实现不了的十全十美。

● 通用学习法之六：边学边教——好为人师法

在传统观念里，"好为人师"是贬义，意思是不够谦虚，有遭人鄙夷之嫌。

按照现代心理学的观点，好为人师者，收获最多。**首先**，他要把头脑中的思绪归纳、整理出来，整理的过程就是温故而知新，是积极的复习；其次，他要把整理好的思路用恰当的语言表述出来，这又等于把学习内容巩固了一遍；第三，要使语言表达准确、清晰、完整，让对方听得懂，自己必须要先懂，要懂就要下功夫钻研，这就又把学习内容加深消化了一次；第四，要讲给别人听，就要拿出勇气和信心，等于自我培养优秀品格；第五，经过了这么一次主动为别人义务当老师的高尚行为表现，在记忆中留下了深刻印象，等于是一次自我精神奖励，得到了别人的友情，又累积了精神能量。——真可谓"一举五得"！

要掌握学习内容的原则、精华、要义，除了把学到的东西通过教学、演讲、实践、辅导、答疑、举办培训班以外，尚没有发现其它更好的办法。

"教"是最好的学！ 事实上，从幼儿园开始，我们就可以**把一边学到的东西，一边同别人分享**，而不必一辈子当听众！

（3）个性化学习法

● 好马配好鞍，宝刀配领袖——优势智能学习法

了解智能优势的最大好处，是对照该优势找到适合自己的学习方法，采用该方法，可以迅速掌握人生各阶段学习重点，保持高昂的学习斗志，如期达成心中既定的领袖目标。

语言智能优势学习法：

    把学习内容改写成故事、笑话、小品

    在收听广播中来学习

    运用讲故事和笑话来学习

运用阅读故事和笑话来学习

运用演幽默短剧和小品来学习

运用写日记、作文来学习

运用编辑、出版班刊、校刊来学习

运用采访、报道来学习

运用辩论来学习

运用讨论来学习

把学习内容编成文字游戏和谜语

把学习内容录制下来，课后反复听

把学习内容转述给身边同学或教给低年级学生

向文学家、诗人、演说家、记者、演员、政治领袖们学习

逻辑—数学智能优势学习法：

把学习内容转化为逻辑和数学关系

运用分析、解剖、推理、演绎来学习

运用解读数据、发现规律来学习

运用预测来学习

运用实验，运用电脑编制程序来学习

运用数学游戏来学习

把逻辑和数学能力运用到其它学科领域

让事物按照逻辑顺序进行

用逻辑和数学的眼光看世界

把每一件事物都演绎成逻辑和数学关系

向数学家、科学家、工程师、律师、法官、侦探、会计师们学习

视觉—空间智能优势学习法：

把学习内容转化为图表、标本、模型或实物

运用图片来学习

运用涂鸦、画符号来学习

运用画图表、学习地图来学习

运用观看电视、录像、画册来学习

运用制作你自己的录像带来学习

运用制作卡通图片、人物、动物、景物来学习

运用制作沙盘模型来学习

运用模拟表演来学习

运用变动物体在空间的原有位置以获得不同的景像来学习

把视觉和空间能力运用到其它学科领域

把艺术与其它学科相结合

运用电脑图示来学习

运用想象来学习

向建筑师、画家、雕塑家、航海家、棋手、军事战略家们学习

音乐智能优势学习法：

把学习内容转化为声音、旋律和节奏

把学习内容通过歌曲表现（谱曲、写词、演唱）出来

参加合唱团、礼拜唱诗班

参加课外（业余）作曲、作词、歌唱、演奏表演或竞赛

伴随着巴洛克音乐阅读、背诵、复习、作业、实验

运用音乐来放松

运用音乐来思维

运用音乐来想象

运用音乐表达情感

运用音乐来构思图画、计划、方案、策略

运用音乐来锻炼身体

向曲作家、词作家、演奏家、演唱家、指挥家、调音师们学习

身体—运动智能优势学习法：

把学习内容转化为身体动作、姿势、状态和游戏

一边动手一边学习

一边玩一边学习

运用舞蹈来学习

运用运动来学习

运用游戏、戏剧、哑剧表演来学习

运用旅行、探险来学习

运用制作机械、模型、图片、实物来学习

运用拼装、拆卸、改装、变换来学习

运用摸、爬、滚、打、跑、跳、翻、跺脚、拍手、打响指来学习

用运动或变化身体状态来代替休息

在游戏、运动、散步、游泳、动手中复习功课

把运动和其它学科相结合

向舞蹈家、运动员教练、机械发明家、外科医生、赛车手们学习

人际关系智能优势学习法：

把学习内容转化为人际关系、团体关系、党派关系、社会关系

在群体中学习

在社交中学习

在合作中学习

在发动、组织、管理、操纵、监控团体活动中学习

在分享成果中学习

运用察言观色来学习

运用因果关系来学习

运用举行聚会和庆祝会来学习

运用为别人服务来学习

运用当私人教师来学习

把社交与其它学科结合起来

向教师、律师、政治家、宗教领袖、企业家、业务员们学习

自我认识智能优势学习法：

运用内省来学习

运用思辨来学习

运用直觉来学习

运用自我激励来学习

运用与人谈心来学习

运用察言观色来学习

运用心理咨询、治疗、人际关系辅导来学习

运用日记来学习

运用自我领悟来学习

把自我认识、感觉、直觉、内省与其它学科相结合

向言情小说家、哲学家、思想家、心理学家、神学家们学习

最好的学习方式，是以自己最喜欢的方式学习，并赋予自己的意义，而不是以老师喜欢的方式，接受老师给予的现成答案！在这种情景下：

①每当教师或家长与学生谈起班级学习的情况时，他表现出的是对学习的激动感，而不是绝望或无奈的顺从；

②他是为学习本身而学习，而不是为奖状、分数、评三好学生、表扬而学习；

③他在学校有机会表现自己独一无二的力量、才能，而不是只注重自己的错误、无能与学习成绩差；

④他个人的学习方式受到了学校的尊重，而不是期望象其他人那样学习。

最好的教学方式，是照顾到每一个学生的智能倾向，实行因材施教，作为教师：

①他要求学生发表自己独立的见解，与学生平等对话，而不是只要求学生在老师的提示下很快给出简单的答案；

②他在上课时，没有"你们必须被教育"的居高临下派头；

③他在教室里来回走动进行个别辅导，而不是大多数时间站在讲台对所有的人讲话；

④当家长与老师谈论他的孩子时，他谈得最多的是孩子取得的成绩，而不是孩子身上的缺点；

⑤他看起来是在使用多种教学方法，而不是主要依赖教材、练习册。

如果条件具备，则可安置"**七个智能教学中心**"，每个"智能中心"按照该智能特有的教学模式，将教学内容作一重新定义和编排，让学生们**按照个人意愿选择**在符合自己智能特点的"中心"学习功课。

● 地分南北，人有内外——个性倾向性学习法

人的个性倾向性，包括气质、性格和能力，既有天生的一面（如气质），也有后天的成分（如性格和能力）。无论外向还是内向，都各有其优点和缺点，我们应擅长利用个性上的优点，找到与优点对应的学习方法，使事半功倍，也应聪明地避开性格上的缺点，保持警戒心，

警醒自己不要把时间和精力都耗费在与缺点关联的事物上。

内向性格的学习法

①在安静的、无人打扰的、单纯的空间学习；

②在轻松的、没有外界压力的气氛中学习；

③自主的把握时机学习；

④自主地掌控学习的进度、深度和广度；

⑤以内省、沉思的方式学习；

⑥一次学习的科目要少，但量可以多。

外向性格的学习法

①在集体的、丰富多彩的环境中学习；

②在施加任务、目标、压力、竞争的气氛中学习；

③在由他人（教师、父母、上司）规定的时机学习；

④由他人掌控学习的进度、深度和广度；

⑤以相互讨论、争论、协商的方式学习；

⑥每次学习要多变换花样和科目。

● 一娘生九子，九子九个样——人格倾向性学习法

人格倾向性，是人为的主观的分类方法，却很好的解释了人为何具有差异性。每种人格特征都有强项与弱项，我们在强项上再继续加强，在弱项上谨慎回避，勿使学习过程受到弱项的干扰。

常规型人格（荣格的外倾感知）学习法

①按部就班、循规蹈矩地学习；

②学习标准、进度、深度、思想方法要与别人取得一致；

③学习环境、生活环境要尽可能实用和舒适；

④承认并接受老师、同学、上司、同事们的要求和评价；

⑤对实际而现实的日常学习、工作内容更感兴趣，而不是

关于它们的哲学意义。

社会型人格（荣格的外倾情感）学习法

①喜欢与各种各样的人一起学习、交流；

②在表达批评和不同意见时，通常能使大多数人满意；

③乐于帮助学习有困难的同学；

④喜欢在集体或小组中通过合作、共同解决问题来学习；

⑤有时发现自己对于某个人所表达的温情超过了对他实际上的感觉。

探究型人格（荣格的内倾思维）学习法

①看重对各种疑难问题的智力讨论，并打破沙锅问到底；

②尽力深刻理解老师们所表达的语义；

③不管一个问题多难，只要有意义，无论用多长的时间和精力，都乐意探究，直至彻底弄清它的本质；

④喜欢追踪艺术、科学、哲学领域里的各种问题，并心驰神往；

⑤对于每一个新观点的学习，通常是在研究并理解了之后再去接受，而不是贸然接受。

艺术型人格（荣格的内倾感知）学习法

①喜欢凭着自己的爱憎好恶和冲动的情绪来决定学习什么；

②学习时喜欢与人争辩；

③常常对新的思想或被忽略的原因感兴趣；

④钦佩并欣赏他人的创意；

⑤对整体印象，如美、意义等更感兴趣，而不是具体细节。

现实型人格（荣格的内倾情感）学习法

①在班级、学校公开场合，喜欢与一些值得尊重、欣赏和信任的老师、同学们打交道；

②不管身边同学怎么说，仍坚持自己的学习计划和学习方式；
③喜欢手工制作、实验、体育等活动，喜欢与班集体在一起；
④如不能肯定做得到，就不承诺；
⑤有时候，其他人认为自己很冷淡或是冷漠，而实际上对某事有很强烈的情感。

（4）若干学习法的新尝试

● 读书像唱歌一样轻松——引入背景音乐学习法

大家都知道爱因斯坦发明相对论是出于灵感，可你是否知道那灵感是在什么情景下产生的？音乐！爱因斯坦既会弹钢琴又会拉小提琴，他的小提琴演奏技能在德国是很出名的，他的妹妹回忆说："演奏音乐使得他的心灵进入一种平静的状态，帮助他思考。突然间，问题的答案就浮现了。"他的长子也回忆道："每当他在工作中遇到困境，就会藏身音乐中，然后许多难题就迎刃而解。"

居里夫人、地质学家李四光、数学家华罗庚在音乐上都有很深的造诣。

著名科学家钱学森对不少艺术领域都富有修养，喜欢弹钢琴，他的夫人是著名的声乐家、中央音乐学院的蒋英教授。他曾说过："在我对一件工作遇到困难而百思不得其解的时候，往往是蒋英的歌声使我豁然开朗，得到启示，……我钱学森要强调的一点，就是文艺与科技的相互作用。"

两千多年前，哲学家柏拉图曾说过："在教育上，音乐比其他方法更为有效。"他认为，幼儿教育应该从音乐开始，当儿童学会欣赏优雅的节奏与旋律时，他们的整体意识也将变得有条不紊。

巴洛克音乐每分钟60拍，节奏庄重，结构稳定平和，刚好与人

的 α 脑波频率是同步并行，具安抚人心、镇静心灵的作用。当人处在这种音乐背景下学习，心灵深层的大门是开放的，大脑吸收信息的能力最强，好象学习的内容源源不断地"飘进潜意识之中"！

比如佛教、基督教的教义是很难记诵的，但宗教仪式中把它变成唱词后，便很容易记住了。

教和学的过程，如伴随着背景音乐一同进行，对增进脑力效果极佳。

如贝多芬第6号《田园交响曲》，能使你在学习中驱走压力，放松心情，刺激想象力和创造力。

据此原理，有人研发了一种叫"潜能开发机"的声像设备，他们将心理暗示语言、背景音乐、活动图影制作成只有潜意识听得懂的声音给听者，据说有消除压力、调节情绪、改善睡眠、增进记忆和健康的功效。

一个孩子，如从小练习欣赏和演奏音乐，将同步增进左脑和右脑的协调；同时，由于刺激了大脑边缘系统的发育，有利于情绪的稳定、情感的丰富、长时记忆力的发展，特别是，打开了本能脑和智能脑的联系通道之后，人的潜意识很容易被唤醒，人的聪明才智和天才的创造力很容易被开发！

顺便说明的是，不是所有的音乐对增进智力有效，像某些流行音乐歇斯底里的吼叫，锣、鼓的打击乐等，是大脑的毒素，笔者听起来全是噪音！

● 像照相机那样学习——脑映像学习法

日本的中田光男先生在他《如何使你的孩子聪明》（中国文联出版公司1995年版）的著作里，系统论述了运用脑映像学习法改善日本的教育现状，他举例谈到身边的脑映像天赋者是如何运用脑映像进行绘画、心算、下棋、相扑、作曲、写诗的；然后又深入研究了脑映像的生理和心理学本质、脑映像天赋者的性格表现和如何利用脑映像学习法开展小学、中学和大学的教育。

什么叫脑映像？中田光男引用了大胁义一教授的定义："所谓脑映像，不是有病态的人，而是精神上完全健全的人，看到某一事物后马上、或数分钟、数小时，有时是数年后，闭上眼或睁开眼时，能自然地或有意识地浮现出来的心像。"

有一件往事我还记得很清楚，那是1976年读初二的时候，学校发的教科书又少又薄，有些课文是老师让我们从报纸上抄的，其中有一篇文章特别长，好象是怀念毛泽东主席，老师并没要求我们背它，可我没花多长时间竟然当着全班同学的面很流利的背了下来，同学们都暗暗吃惊，可我觉得根本没什么，因为我心里清楚，我并不是"背"下来的，而是"眼看着内心里面的书"一页一页"读"下来的！当时我不知道这叫"脑映像"，直到最近读了中田光男的著作后，才明白"一目十行，过目不忘"的奥秘。

脑映像天赋好的学生，对学习内容可不用采取死记硬背的办法，而用凝视，万念归一、心无旁鹜、与凝视对象融为一体，达到忘我境界，当目光离开了对象，图像便刻在心中、印在脑中，即使闭上眼睛也能见到眼前那鲜活的图像，他可以在心中与图像玩耍：它若是一幅画，提笔心中画；它若是一盘棋，执子心中走；它若是一本书，一行一行心中读；……脑映像天赋差的学生，可先用珠算训练加减乘除，再练习将珠算转移到心中进行心算，由于无意识的作用，算盘的映像便留在了脑中。珠算脑映像形成之后，再练习凝视教材，于是，心算脑映像向教材脑映像的转移便会复苏。

如果命令自己死记硬背，那时显意识在起作用，信息储存在大脑新皮质中；如果仅仅凝视，不是死记，那时潜意识在起作用，信息储存在大脑旧皮质中。新皮质的记忆是短时记忆，浅淡易忘，旧皮质的记忆是长时记忆，铭刻永久。

十一、二岁的年龄，是脑映像保持或退化的关键年龄。过多地迷恋电视和强迫孩子牺牲课外时间学习，容易使脑映像过早退化；让孩子时常打打球、画画画，不但有利于孩子意志的培养，而且有利于集中精力学习，使脑映像天赋保持长久。

● 把眼泪化作微笑——利导思维学习法

凡事往好处想，必有好结果——这叫"利导思维"。**凡事往坏处想，必有坏结果**——这叫"弊导思维"。

显意识与潜意识的这种关系，反映了心灵活动的一些规律，同样可运用在学习上。

比如，考试得70分，"利导思维"者心想："我能考70分，说明我很棒，10成我已掌握了7、8成！"；"弊导思维"者心想："唉，太丢人了！我没脸见人！这么简单的题目，我怎么只考这么少的分呢？"

请你预测，两个不同思维方式的学生，下次的考试成绩会如何？将来的人生会如何？

人体有个"制药厂"，人脑是"制药车间"，"利导思维"能促使大脑产生快感荷尔蒙脑啡肽，增进大脑发育，增强体质，诱导大脑进入α波状态；而"弊导思维"促使大脑产生毒性物质去甲肾上腺素，抑制思维灵活性、引起疾病、加速身体老化、导致早逝。

如若很不幸，你是个"弊导思维"者，那么请你迅速改变心态，改变对事物、对自己的消极、负面看法，变成一个"利导思维"者。

案例一：早上上学迟到3分钟，班长要求罚站10分钟。

    弊导思维——哼，好你个臭班长，看我下回如何收拾你！

    利导思维——今天真是机会难得，我正好利用这个10分

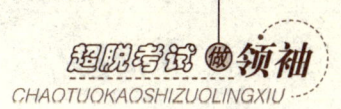

钟，在大庭广众之下训练我的胆量和意志力！

案例二：上课走神，老师点我回答问题，我瞠目结舌，哑口无言。

  弊导思维——唉，今天真是倒霉，偏偏这个时候出尽洋相！

  利导思维——感谢老师，及时提醒我，把我从另一个世界拉了回来！

案例三：我边走路边想问题，一不小心，把英语老师给撞了个满怀！

  弊导思维——这下好了！以后不知老师该如何整我了！

  利导思维——这下好了！我给老师留下深刻印象了，我正好利用道歉的机会向她求教问题，提升我的英语水平！

案例四：班会上，大家推举我当上了班长。

  弊导思维——哈哈哈，我从无冕之王变成有冕之王了！兄弟们，日后可要孝敬孝敬班长哥哥我啊！

  利导思维——感谢同学们对我的信任和支持！我决心以实际行动履行班长之职，努力当好班主任助手，在担任班长期间，帮助大家解决困难，维护班纪，倡导文明和谐之风，为我们班级在全校争取荣誉！

案例五：班会上，大家罢免了我班长职务。

  弊导思维——肯定是哪个狗娘养的，在暗地搞我的鬼！看我不把他挖出来，我就不信邪！

  利导思维——原以为自己有管理天赋，通过这件事情，我才了解我的真正优势不在管理上面，而是在写作和辩论方面，我要调整我的目标，将来向记者的方向发展。

案例六：因为吃饭偏食的缘故，爸爸打了我一巴掌。

弊导思维——哼,老不死的,要是我参加工作、拿工资了,再也不回家理你了!

利导思维——我肯定做的不够好,才让爸爸生气了,打在我脸上,痛在爸心里。我要好好改一改我的饮食习惯,营养全面,才有好身体,有好的身体,才有好的学习!

五、智在知之外,领在袖之先

人生一辈子,要经历的事情千千万万,从千千万万的事情中学习,学习辨别、分析、判断、归纳、推理,学习挖掘、联想、改变、创造,学习采纳和摒弃、继承和批判、保持和斗争,从身体的层面学习、从精神的层面学习。在学习中积累能量,时刻与围困自己的庸人作斗争,永葆冠军优势,沿着冠军之路,直线抵达成功。

1、仅仅学习知识是不够的

培根说过:"**知识就是力量!**",它鼓舞了一代又一代好学上进的年轻人摆脱了愚昧,改变了命运,走上了人生的顶峰。可是这句话有个重大缺陷,就是从知识到力量有一段长长的距离,知识不能自动变成力量,只有当知识转化成智慧之后,实际付诸行动才能变成力量。

这就是知识的局限性。

知识仅代表过去的人们对事物的认识,是智慧的元素,不是智慧本身。因此,我们应将培根的话修改为:"**智慧就是力量**"。

知识也是智慧生存的土壤,是智慧的条件,人生落到实处还是要投入现实生活。

生活对人的要求方方面面,学习的内容自然也应方方面面:

(1) 学习如何学习;

(2) 学习如何组建知识结构;

(3) 学习他人的经验;

(4) 学习人格的成长;

(5) 学习生活的技能;

(6) 学习团队合作;

(7) 学习发现、发明、革新、改善、创造;

(8) 学习服从;

(9) 学习领导;

(10) 学习分辨真善美与假恶丑;

(11) 学习自我防卫与保护;

(12) 学习预知未来；

(13) 学习逆境生存和应对困难与挫折；

(14) 学习自我教育和自我心理保健；

(15) 学习如何应对死亡。

2、智慧在知识之外生长

这里有一则关于如何学习的典故。

宋代大诗人陆游，公元1208年，84岁的时候，自感天命难违，很快就要离开这个人世了，于是给他的儿子写了一首诗（《剑南诗稿》卷七十八）：

> 我初学诗日，但欲工藻绘。
> 中年始少悟，渐若窥宏大。
> 怪奇亦间出，如石漱湍濑。
> 数仞李杜墙，常恨欠领会。
> 元白才倚门，温李真自郐。
> 正令笔扛鼎，亦未造三昧。
> 诗为六艺一，岂用资狡狯？
> 汝果欲学诗，功夫在诗外。

很明显，这是父亲给儿子传授写诗的经验和心得体会。诗的大意说：他初做诗时，只知道在辞藻、技巧、形式上下功夫，到中年才领悟到这种做法不对，诗应该注重内容、意境，应该反映人民的要求和喜怒哀乐。特别是"功夫在诗外"这一句，道出了学习作诗，不能就诗写诗，要从"诗外"下功夫的道理。陆游认为：一个作家，所写作品的好坏高下，是其经历、阅历、见解、悟性等"诗外功夫"所决定的，但不仅仅指这些，其才智、学养、操守、精神等等形而上的东西，同样也是诗人要想写出好诗的真"功夫"。

陆游这个"诗外功夫"说，倒百分百地意在诗内，唯其诗外功夫扎实而又充分，所以，他的诗词，在文学史上得以不朽。

宋代另有一位大学问家，名叫苏轼，写了一首《题西林壁》：

横看成岭侧成峰，

远近高低各不同；

不识庐山真面目，

只缘身在此山中。

这首诗讲了同样的道理：观察事物、学习知识、研究学问，不能钻进事物、知识、学问里面出不来，要跳出知识的巢臼，换一个角度，从远处看、从高处俯视，就会把事物的概貌真相搞清楚。

人类重大历史事件中，有许多属非专业人士弄出来的：

· 齐国大治，归功于相国管仲，其初期为商人；

· 秦国强盛，统一六国，归功于相国吕不韦，其初期亦为商人；

· 蒸汽机发明，宣告第一次工业革命开始，发明人瓦特，为钟表店学徒；

· 笑气发明者、首次电解金属钾的戴维是药店学徒；

· 世界百强之首，通用电气公司创始人，大发明家爱迪生，无任何专业；

· 飞机发明者，莱特兄弟，最初从事自行车的制造和装配；

· 中国新文化运动的开创者，文学家鲁迅，医学专业；

· 一手推翻清王朝，奠定民主新中国的革命先行者孙中山，医学专业；

· 中华人民共和国的缔造者，政治家、军事家、诗人毛泽东，

师范专业；

· 阿里巴巴互联网创始人马云，师范英语专业；

有大量的人在自己所学专业里摸爬滚打一生，也仅获得一高级知识分子和学术权威的头衔，没能做出划时代的贡献，相反，外专业人士却歪打正着。正是——

要识庐山真面目，

跳出界外五行中。

究其根源，在于专业人士的习惯性思维（心理学上称之为"动力定型"）制约了在该领域的创新，而不熟悉的专业，不熟悉的领域，习惯性思维尚没有定型，**思想上不存在专业束缚，尽可以跳出框框，异想天开**，以无知者无畏的精神，敢想敢干的原始冲动，在不加约束的条件下，反而成就了大事。

那么，我们是否不鼓励学好本专业呢？非也。原有的知识系统本身并没构成发明创造的阻力，关键不在知识本身，而是运用知识的人，在思想里面，以所学到的知识作为砖块，砌筑一面知识的高墙，把自己围在高墙里面，然后自以为世界就只这么大——作茧自缚，形容的就是这类人。只要我们认识到思想的惰性，有意识地克服，自我警惕，**雄厚的专业知识积累，可以把自身垫升到该领域的制高点**。

介于以上情形，我们提倡培育"T"字型人才，"T"字的一"竖"，代表本专业要扎得深，要渊；"T"字的一"横"，代表围绕本专业的横向知识面要广，要博！深和广搭配，**渊与博相交，智慧于是生焉**！

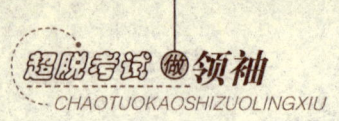

3、狭义的学习与广义的学习

  1977年恢复的高考制度，为广大农村孩子提供了唯一改变命运的"鲤鱼跳龙（农）门"机会，顺利考上大学的学子们，如今已经成为全国各条战线的栋梁。但其中也有不少人从此一考定终身，不再学习，尽管职务升高了，名利地位都有了，可其学问仍停留在当初大学毕业时的水平。他们认为，学习是学生的职业，毕业了，表示合格了，可以高枕无忧了。这类人对于学习的观念，属于"狭义的学习"。

  社会在前进，历史的火车头轰隆隆地向前推进，前进过程中的每一个驿站，都应为火车的到来作好接车的准备。最初，火车烧的是煤炭，每小时三五十公里，后来改烧柴油，每小时七八十公里，再后来改成电力，每小时一百多公里，再后来，一次提速，二次提速，三次提速，2010年12月4日，"和谐号"轨道列车跑出了486.1公里的世界最高时速，号称"地上飞行"！假如我们的思想观念固步自封，一成不变，前进中的社会现实，将毫不留情地把我们甩到后面！

  学校里的学习活动，在人生的起步阶段，学习的仅是最基本的文字、最基本的文理常识、最基本的思考方法，有了这些基本的东西垫底，后面的人生就可以甩开老师的拐杖，独立行走"江湖"。当年在一个班上的同学，学习程度彼此差不多，可是离开学校10年、20年、30年之后，再聚首，于是大家长吁短叹了，三十年河东，四十年河西，差别大了。这里面，固然有命运因素作祟，自身对待学习的态度，也是一个重要原因。

  "活到老，学到老"，是"广义的学习"。毛泽东70多岁了，还用心学习英语，董必武八九十岁仍天天练习书法，他们已经功成名就了，还如此勤奋不辍，实为我们后生晚辈学习的榜样！

离开了学校继续学习，学习的内容只好靠自己在知识的海洋里寻觅。应该说，**围墙外的学习，体制外的学习，是最自由的学习**，比起当年在学校里老师的逼迫下和在高考指挥棒下的学习，更自在舒畅的多了，针对性和实用性也强多了，边工作、边学习、边思考、边应用，这样学习，出成果很快。

苏联著名的无产阶级文学家高尔基，以其自身经历写就了《童年》、《在人间》和《我的大学》三部自传体小说，其中《我的大学》，以其现实主义写实风格和热情勇敢的生活态度征服了全世界无数读者的心。它问世之后产生了广泛的影响，鼓舞着无数渴望光明和知识的年轻人勇敢前进。作品叙述了少年的"我"怀着上大学的愿望来到喀山，梦想破灭之后，不得不为生存而劳碌奔波，住大杂院，卖苦力，与小市民和大学生交朋友。他进入了一所天地广阔的"**社会大学**"，**在那里学到了在有围墙的大学里学不到的知识**，经过痛苦的思想探索，终于成长为一个革命的知识分子。

社会是一个大熔炉，从古代到现代，从中国到外国，社会大学铸就了大量真正的英才和领袖。毛泽东长沙师范毕业后，回故乡教书，如果就此打住，终生只是个教书匠；孙中山医学毕业后，如果就此打住，甘心当一名医生，中国很可能继续延伸封建世袭制度，闭关锁国到如今；钱学森同志，在上世纪四五十年代就已经成为航空航天领域最为杰出的代表人物，但在其后的几十年生涯里，没有人教他学什么，怎么学，只有靠自己领悟，自己教自己，如此，他为中国科技发展作出了卓越贡献，领导和参与了研制导弹、原子弹、火箭和飞船。只有在社会这个大熔炉里，我们才有机会**以最近的距离、最贴身地接受社会现实的锻炼**，把毕业时的"毛坯"，打造成"削铁如泥的宝刀"。没

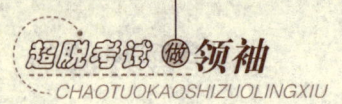

有一个人在学校里就已经是一个世人拥戴的领袖，他必须**在社会大学里**，"**苦其心志，劳其筋骨，空乏其身**"，学到真正领袖人生有用的东西。

4、领袖，用全部人生学习

领袖，大多在校园围墙之外、体制之外成长起来，围墙内的环境是单纯的，体制内的环境是压抑的，就象温室里的花朵，可以开得很艳很整齐，但其所结的种子，性状得不到优化，不能留作良种繁育后代。校园内的那段时间，按照学校标准度量，许多领袖级人物，当初的表现，恐怕归不了优秀那一类。但是这段时间很重要，因为后面的人生，所采用的精神原材料，有许多得益于学校。为了不致给自己带来不必要的麻烦，当他们身在校园，一般情况，他们自觉遵守学校规则，与普通学生无异，**但在内心，他们自有另一套标准，以弥补学校标准的缺陷，作为衡量生命意义、价值、高度和是非曲直的准绳。**

领袖的成长，没有统一的标准模式，没有固定的时间段，也没有事先经他人之手设计好的课程表，全靠自己主动安排。

（1）领袖，用一辈子学习

人生在起始阶段，上天以其好生之德，赐予每一个孩子以冠军优势作为起点，而在孩子本身，在其成长过程中，有97%以上的人不知不觉遗失了那份优势，以自己心目中的平凡之身标准过一个平凡人的生活。这是很可惜的一件事。本书重点讨论的是1%的领袖，在接手上天给他的冠军接力棒之后，应抱持的人生态度，应克服的心理问题。

　　冠军优势通常是在什么时候遗失了呢？从学习摸、爬、滚、打、咬、起坐、手势、表情、牙牙学语，几乎每一个动作，大人们给予的都是鼓励，哪怕做错了、失败了，父母也不责怪，孩子们学得很快乐、很成功，应该说，他继续了冠军的优势。从童年起，渐渐地，孩子们得到的，有鼓励、有批评、有赞成、有反对，在过程中，孩子们明白了按照大人们的意图行事的好处，学会了与父母建立良好关系的方法，这些方法，很多时候，是以大人们的标准为标准，以大人们的喜怒哀乐为轴心，至于孩子自己，自己的看法、自己的认识、自己的思考、自己的行为，那是无关紧要的，本质上说，冠军的优势就是从这个时候开始退化、遗失了。大人们对孩子的教育，完全是庸俗的教育、随意的教育、压制的教育、扼杀孩子心智的教育。几乎可以下结论，正是以父母为代表的大人，在孩子们成长为领袖的道路上，扮演了刽子手的角色。孩子们得到的好处，是以牺牲冠军为代价换来的。再回过头来，作为孩子本身，在渐渐遗失冠军优势的过程中是否也有属于自己的责任在里面呢？孩子自身心智的独立性、自身的胆魄，如果在孩子心里顽强地存留着，不愿被埋没，那么孩子就成功了！

　　长大以后，类似童年和少年时代的事件，每天都在发生着，现在就看冠军本人的态度了：如果其本人，心中有一套属于自己的独立特行标准，那么该标准就是他手中的武器，用以同周围的庸人进行战斗；如果没有这套标准，等于赤手空拳，没有战斗的武器，自然被庸人打下阵来，成为庸人队伍中的一员。

　　人生一辈子，要经历的事情千千万万，从千千万万的事情中学习，学习辨别、分析、判断、归纳、推理，学习挖掘、联想、改变、创造，学习采纳和摒弃、继承和批判、保持和斗争，从身体的层面学习、从精神的层面学习。在学习中积累能量，与周遭围困自己的庸人作斗争，

永葆冠军优势,沿着冠军之路,直线抵达成功。

(2) 领袖,在苦难中学习

在庸人的眼里,苦难是惟恐避之不及的灾难,在领袖的心中,却是锻造金刚的圣火!苦难的滋味是不好受的,那是站在肉体的位置以肉体的感官来度量。苦难搭载的精神能量,在输往两类人物心灵的路程中,得到全然不同的反应:前者抵抗,能量反弹回去了,后者甘然领受,能量灌进了领袖的魂灵。世上任何事物,都具两面性,以正面的心态度量,就是正面,以负面的心态度量,就是负面,是正面还是负面,不是事物本身属性使然,而在人的心态。

庸人害怕苦难,逃避苦难,领袖领受苦难,欢迎苦难。庸人在苦难中流血,领袖在苦难中学习。庸人在苦难中败下阵来,领袖在苦难中越战越勇。

(3) 领袖,在失败中学习

失败,在失败者的眼中,它就是"失败",在成功者的眼中,它就是"成功"!登泰山,看日出,10000级台阶,只有最后的1阶才能见到太阳,而前面的9999阶,失败者把它全都当作失败,成功者认为每一阶都叫做成功!因此,失败不是失败本身,失败可以是灾难,也可以是成功的垫脚石。

那么,从失败中能学到哪些呢?

①**失败是成功的信号**:失败,证明这条路行不通,另一条才是成功之路;失败了,表示当初的计划与现实不一致,需要作调整,调整之后的计划,是成功的计划;失败了,也表示行动的方法与计划不符,

需要作调整，调整之后的方法，是成功的方法。

②**失败是精神的营养**：失败令人懂得什么是真理，失败可教人更加坚强。

③**调整标准的高度**：也许不是真的失败，只要重新调整标准的高度，失败就变成成功。

④**失败的价值**：没有失败的人生，是残缺的人生，如同没有黑夜，白天就失去了价值。

⑤**缩短了到达成功的距离**："既然冬天来了，春天还会远吗？"，"既然失败了，成功还会远吗？"。

（4）领袖，在成功中学习

成功，表示行动计划证明当初预想的正确；成功，也表示侥幸获得了成功，人生并不永远充满灿烂阳光，风霜雨雪总是紧随阳光的脚步到来，我们要时时警醒自己，祸福相依，福的背后是祸，成功的背后是失败，要时时警醒自己，做人象如履薄冰，危机时刻存在，决不能被胜利冲昏了头脑，找不着北。

如果我们以如上心态对待成功,那么一个成功将培育更多的成功!

（5）领袖，向他人学习

三人行，必有我师。

其实每个人都有优点，都有值得我学习的地方，都是我的老师。以开放的心态对待他人，接纳他人，那么他人将成为我的一面镜子，时时照亮我前进的路。

我可以从他人成功的方法中学习，变成我的方法；我可以从他人的失败中学习，借鉴失败的经验，防止我也采用同样的方法重蹈覆辙。

我可以从他人的优点中学习，了解他的优点是如何发现、如何培养而成；我可以从他人的缺点中学习，了解他的缺点是如何形成的，如何妨碍他走向成功。

我在向他人学习中加深人际友谊，在学习中获得理解、信任、关怀、启发和帮助。

（6）领袖，向自己学习

向自己的昨天学习，学习成功的经验和失败的教训；向自己的今天学习，学习今天的计划和思考如何继续昨天的成功、避开昨天的失败，通向明天的道路；向自己的明天学习，学习目标和理想，学习愿景和追求，从中获得自我鞭策、鼓舞和动力。

向自己的优势学习，学习发现优势的悟性和培养优势的方法；向自己的弱势学习，学习发现弱势的悟性和回避弱势的方法。

向自己的坚强学习，学习从坚强中巩固自己的品格，培养坚持到底的毅力；向自己的软弱学习，了解软弱的价值和意义，在于使高尚受到暴力的摧残，使善良受到邪恶的毒害；我要从坚强中学习更加坚强，从软弱中学习不再软弱。

向自己的悟性学习，学习从一件事到另一件事的联想，学习从微弱的信号发现巨大的趋势；

向自己的迟钝学习，了解迟钝的价值和意义，在于忽略了时代的感召，放弃了改变的机会。

向自己的理性学习，学习在理性的支持下不被感性迷惑；我要向自己的感性学习，学习在感性的环境里如何启动自在的灵性之光；我要向自己的执着学习，在执着中固化我的理想，坚守我的信念；我要向自己的固执学习，了解固执的价值和意义，在于浪费了朋友善意的劝告和智慧的启迪。

5、领袖，向未来学习

未来是今天的继续，今天是昨天的未来。

有一门科学，叫未来学，研究学科的未来、政治的未来、经济的未来、军事的未来、生活方式的未来、宗教的未来、信仰的未来、国家的未来、世界的未来，通过研究未来，找准今天的位置，确认明天的去向。

有一门科学，叫预测学，预测未来可能的趋势、可能发生的事件、可能的民族与国家关系，通过预测，计划应该要做的事情。

本书的读者对象，是未来的领袖，当真正来到了那个期待中的未来，是否如愿当上了领袖，与今日对未来状况的预测和行动计划是密切关联的。

因此，要学习分清哪些是过去的知识，哪些是今天要用的知识，哪些是未来的知识。对于过去的知识，要批判地继承，对于今天要用的知识，要对应现实刻苦学习，对于未来的知识，要带上一双审时度势的眼睛。

未来，是一个时间概念，在动态中不断地延伸，也是一个可以划分的时段，每一个时段，对应若干年份和年龄。今天，要为未来学习，为未来准备精神上的资粮，不是指漫无边际的那个未来，以现今人类平均寿命，8～20岁是第一个学习时段，从小学到高中，以继承历史知识为主；20～25岁是第二个学习时段，大学到硕士，以现实为主，未来为辅；25～60岁是第三个学习时段，博士和博士后阶段，既要重视未来，也要重视现在；60岁之后是第四个学习时段。人生需要重点引导的是第一个时段，学习任务重，教师权威大，学生容易迷失自己。看一个孩子长大之后能否成为真正的领袖，此时段的心灵状况是最关键的一环。如果孩子的心中只有老师、家长和考分，自己本人在心中彻底失去了重要性，没有了自主精神、叛逆精神、批判精神，那就完了，长大后注定成为庸人一个，哪怕他学习成绩再棒，上了北大、清华，也仅只是个知识的容器。本文是说，8～20岁的年龄，不能丧失了童真，不能丢掉了自我独立性，**人应为自己的良性发展而学**，只有自己才能对自己负最终的责任，那么，就应考虑到25岁之后长长的30年，那时的社会是个什么样子，最需要的是什么，最时尚的是什么，引领时代潮流的又是什么，即使你的考虑欠周，不能与未来划上等号，考虑与不考虑，人生的命运有很大差别。考虑什么呢？知识结构！能力结构！

　　预测未来，为未来而学，不单单是个技术问题，也是一个品格问题。就以伊拉克中学生为例。

　　美国驻军伊拉克，美国企图以基督文化强行取代伊斯兰文化，在很长时间内，一二十年、二三十年或者更长，美国在伊拉克处于强势地位，伊拉克孩子该如何设计自己的未来呢？第一种设计，"识时务者为俊杰"，向美国文化靠拢，从知识上到信仰上，全盘美化，将来在美国人安排的政府就业，在当前看来是明智的，能得到物质生活上的丰厚利益；第二种设计，在信仰上继承本民族文化，在技术上学习西方科学，"美为伊用"，将来有一天美国鬼子离开之后，为建设伊拉克贡献力量，可是在短时间内将默默无闻，工作上受到亲美势力排挤，生活上可能很艰苦清贫。两种生涯设计，两种未来，技术上，第一种优于第二种，品格上，第二种优于第一种。依笔者的观点，未来伊拉

克人民最受欢迎的精神领袖,应为第二类学生。

这就叫**前瞻性**!

下面,让我们做一个简单的自我检查,根据你对未来形势的预测,针对今天所想的、所学的、所计划的、所做的,逐一进行对照,如有不符,则作必要的调整。

查 检 表

中国:未来图景 (　　年~　　年)	今天的 思想与行为	二者的符合性	必要性调整
物质文明图景:＿＿	所想的:	□符合　□不符合	
	所学的:	□符合　□不符合	
精神文明图景:＿＿	所计划的:	□符合　□不符合	
	所做的:	□符合　□不符合	

6、领袖,要善于计算能量收支

学习的本质是积累精神能量。通过一代又一代的学习,一代又一代的积累,从而完成生命进化的使命。

积累能量与耗散能量,是一对相反的结果。**耗散能量使生命退化,积累能量使生命进化**,我们要对引起能量耗散的思想行为保持警觉,这就好比往银行账户里存钱或是取钱,要计算能量从生命银行里进出的收支问题。

在学习活动中,主要的人际关系,是自己、老师、同学和家长,精神的能量就在这四个人身上流淌,或增加、或减少、或相互抵消。

正能量:有聚集的效果,正能量的聚集,使生命的能级上升。

负能量:有耗散的效果,负能量的耗散,使生命的能级下降。

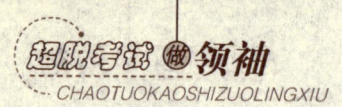

零能量：非正非负，既不聚集又不耗散，无用功。

下面的思想与行为，具有聚集能量的效果：

思想与行为	对象	能量的流动	解析
我：感激	他	我→他↑	我感激他，我的能量向他流动，使他的能量增加
我：爱戴	他	我→他↑	我爱戴他，我的能量向他流动，使他的能量增加
我：尊重	他	我→他↑	我尊重他，我的能量向他流动，使他的能量增加
我：喜欢	他	我→他↑	我喜欢他，我的能量向他流动，使他的能量增加
我：欣赏	他	我→他↑	我欣赏他，我的能量向他流动，使他的能量增加
我：注意	他	我→他↑	我注意他，我的能量向他流动，使他的能量增加

思想与行为	对象	能量的流动	解析
他：感激	我	他→我↑	他感激我，他的能量向我流动，使我的能量增加
他：爱戴	我	他→我↑	他爱戴我，他的能量向我流动，使我的能量增加
他：尊重	我	他→我↑	他尊重我，他的能量向我流动，使我的能量增加
他：喜欢	我	他→我↑	他喜欢我，他的能量向我流动，使我的能量增加
他：欣赏	我	他→我↑	他欣赏我，他的能量向我流动，使我的能量增加
他：注意	我	他→我↑	他注意我，他的能量向我流动，使我的能量增加

思想与行为	对象	能量的流动	解析
我：和谐	他	我↑他↑	我与他和谐，我和他的能量都增加
我：诚实	他	我↑他↑	我与他诚实，我和他的能量都增加
我：谦虚	他	我↑他↑	我与他谦虚，我和他的能量都增加
我：热情	他	我↑他↑	我与他热情，我和他的能量都增加
我：勉励	他	我↑他↑	我与他勉励，我和他的能量都增加
我：友好	他	我↑他↑	我与他友好，我和他的能量都增加

思想与行为	对象	能量的流动	解析
他：和谐	我	他↑我↑	他与我和谐，他和我的能量都增加
他：诚实	我	他↑我↑	他与我诚实，他和我的能量都增加

思想与行为	对象	能量的流动	解析
他：谦虚	我	他↑我↑	他与我谦虚，他和我的能量都增加
他：热情	我	他↑我↑	他与我热情，他和我的能量都增加
他：勉励	我	他↑我↑	他与我勉励，他和我的能量都增加
他：友好	我	他↑我↑	他与我友好，他和我的能量都增加

下面的思想与行为，具有耗散能量的效果：

思想与行为	对象	能量的流动	解析
我：抗拒	他	我→他↓	我抗拒他，我的能量向他流动，使他的能量减少
我：批判	他	我→他↓	我批判他，我的能量向他流动，使他的能量减少
我：愤怒	他	我→他↓	我愤怒他，我的能量向他流动，使他的能量减少
我：仇恨	他	我→他↓	我仇恨他，我的能量向他流动，使他的能量减少
我：恐惧	他	我→他↓	我恐惧他，我的能量向他流动，使他的能量减少
我：欺骗	他	我→他↓	我欺骗他，我的能量向他流动，使他的能量减少

思想与行为	对象	能量的流动	解析
他：抗拒	我	他→我↓	他抗拒我，他的能量向我流动，使我的能量减少
他：批判	我	他→我↓	他批判我，他的能量向我流动，使我的能量减少
他：愤怒	我	他→我↓	他愤怒我，他的能量向我流动，使我的能量减少
他：仇恨	我	他→我↓	他仇恨我，他的能量向我流动，使我的能量减少
他：恐惧	我	他→我↓	他恐惧我，他的能量向我流动，使我的能量减少
他：欺骗	我	他→我↓	他欺骗我，他的能量向我流动，使我的能量减少

思想与行为	对象	能量的流动	解析
我：急躁	他	我↓	我急躁于他，使我的能量减少，他的能量不变
我：骄傲	他	我↓	我骄傲于他，使我的能量减少，他的能量不变
我：狡猾	他	我↓	我狡猾于他，使我的能量减少，他的能量不变
我：自私	他	我↓	我自私于他，使我的能量减少，他的能量不变
我：竞争	他	我↓	我竞争于他，使我的能量减少，他的能量不变
我：憎恶	他	我↓	我憎恶于他，使我的能量减少，他的能量不变

思想与行为	对象	能量的流动	解析
他：急躁	我	他↓	他急躁于我，使他的能量减少，我的能量不变
他：骄傲	我	他↓	他骄傲于我，使他的能量减少，我的能量不变
他：狡猾	我	他↓	他狡猾于我，使他的能量减少，我的能量不变
他：自私	我	他↓	他自私于我，使他的能量减少，我的能量不变
他：竞争	我	他↓	他竞争于我，使他的能量减少，我的能量不变
他：憎恶	我	他↓	他憎恶于我，使他的能量减少，我的能量不变

从表中分析可知，人类的思想与行为是能量的运动和变化，一些思想与行为对彼此有利，使能量增加，使生命进化；另一些思想与行为对彼此有害，使能量减少，使生命退化。学习智慧地学习、智慧地工作、智慧地生活、智慧地处理人际关系，是关系到自身生命进化与退化的大事，不得不谨慎为之。

六、领袖是体,品格是魂

你不是孤立的,历代所有成功人物的精灵都与你站在一起,守候在你的身旁,等待着你的召唤!我们现在要做的,就是如何将自己打扮成成功人物的模样,站到成功者的行列,召唤成功者的精灵!

1、信仰——别把轮船开进小溪里

一提起信仰，人们不自觉地联想到宗教。信仰并不等于宗教，信教的人未必就真有信仰。信仰，属于精神层次的东西，信仰这种东西有时比肉体生命重要得多，必要时人们为了信仰甚至愿意拿生命去交换。信仰之于人生，就象太阳之于万物，永远高悬头顶，照耀着人类的内心世界，人们仰望它，相信它，所以叫做信仰。然而太阳人们眼睛看得见，而信仰却是留存于心中的一种观念和精神的寄托，看不见又摸不着，可又实实在在。

人们可以信仰宗教，也可以信仰科学，信仰真理，无论你信仰什么，信仰都能给予你生命的原动力，推动你勇往直前。真正有信仰的人，在他的内心有一种崇高的理想，使他能超出世俗的生活，在这理想的统帅下，他以内心的信仰感知、辨析、判别、理解周围的人和事，理性地支配自己的灵魂和言行，他相信自己的判断和独立思考，决不会在外界压力或流行思潮的影响下扭曲灵魂改变信仰。二千四百多年前，古希腊哲学家苏格拉底，是一位有着坚定信仰的人，他认为，天上和地上各种事物的生存、发展和毁灭都是神安排的，神是世界的主宰。他反对研究自然界，认为那是亵渎神灵的。他提倡：人生的价值在于爱智慧，人要用理性省察生活特别是道德生活。因着信仰的缘故，苏格拉底被雅典法庭以邪说毒害青年之罪被判处死刑，法庭告诉他，他可以有免去一死的机会，前提条件是他必须放弃信仰，但是被他拒绝了，他说：未经省察的人生不值得一过，活着不如死去。就这样，他为自己的信仰牺牲了生命。

你信仰什么,你的世界就是什么。

人不要信仰行不行呢?生命的过程常常是艰苦的,困难重重的。一个人苦苦地追求着他的理想,若是没有精神动力的支持,常常很难坚持下去。信仰就为人们提供了燃烧生命的动力与激情。信仰对人生具有如下的作用:

(1) 精神支柱作用;

(2) 人生导向作用;

(3) 生存动力和抗拒诱惑的定力作用;

(4) 鼓舞信心和提升精神境界的作用;

(5) 憧憬未来和慰藉心灵的作用;

(6) 道德感化作用;

(7) 信仰对于个人和群体均具有增强勇气、凝聚力、战斗力、战胜困难、争取胜利的作用。

人类有哪些信仰?远古时期,人类祖先信仰天、地,信仰日月星辰、江河湖海、山石怪兽;后来信仰鬼神和宗教,信仰英雄和领袖;再后来,信仰真善美、主义、自由、公正、博爱、和平。

我们要如何对待信仰?我们根据什么来树立信仰?

(1) 相信、承认并履行自己的信仰;

(2) 对自己的信仰要坚定不移。

(3) 探索和追求科学、合理的信仰:

· 顺应历史潮流、符合社会生产力发展的信仰;

· 符合大多数人的利益而不是少数人的小圈子的信仰;

· 具有高度精神价值和文化价值,远离愚昧和邪恶的信仰。

学生时代不宜性急地投身于某种信仰,但可以从认识各种信仰入手,去辨别社会上现存的信仰是科学还是反科学、是真善还是伪善、是符合人性还是违背人性、是符合社会道德还是违背社会道德?从而

作出自己的判断，为将来选择并追求人生信仰奠定基础。

有信仰的境界，乃"会当凌绝顶，一览众山小"的境界，以此境界看人生，生命既清晰而透明，又高屋建瓴。

需要加以澄清的是：信仰不同于迷信！

迷信有两种情形：其一，人对于所迷信的东西不懂也信，民间流传最广的鬼神崇拜大多属于这一类；其二，人对于所迷信的东西不懂也不信，比如新近出现的新理论、见解、观点、看法或作法，可能会超出传统的认识水平，一些人对此不理解，于是妄断是非，坚决抵制，硬将其说成是"反科学"、"不可能"，这类人的理论水平和社会地位或许非常的高，但仍然属于迷信。迷信中有不自觉的成分在里面，而这种不自觉的成分或多或少与人的情感相关联。正因这样，一些别有用心者正好借助迷信者感性多于理性的弱点干出非法勾当。

当一个人对于信仰的内容，是非常理解的，完全符合他的理论观点和认识体系，当人对他所作的任何事情内心都清楚地知道为什么，那么，他的行为是自觉的、理性的行为。所以，他甚至能够为了捍卫真理而献出生命。判断一个人的信仰是真信仰还是迷信，只需弄清他对于相信的东西是理解还是不理解，自觉还是不自觉。

2、信念——核动力潜艇为什么那样神奇

什么是信念？信念是指人坚定地相信其正确性、并用来支配自己行动的观念。信念的基础是信仰，即经过自己深思熟虑的思考，确信某种理论、学说和思想体系是正确的，对它抱有坚信无疑的态度。当认识的坚信感变为经常支配自己行动的活动力量时，信念就确立

了。信念确立后，就具有长期稳定性，不会轻易改变，因而矢志不渝地为之奋斗终生。

每一个人都有信念。人与人的差别不在信念之有无，而在信念层次之高低：

· 生当作人杰，死亦为鬼雄——李清照

· 人生自古谁无死，留取丹心照汗青——文天祥

· 砍头不要紧，只要主义真，杀了夏明翰，还有后来人——夏明翰

· 人生的意义在于贡献，而不在于索取——张海迪

这是崇高的信念，它使人生具有主动积极性，并富有自我牺牲精神。

· 人为财死，鸟为食亡；人不为己，天诛地灭——民间谚语

· 宁可我负人人，不可人人负我——《三国演义：曹操》

这是低层次的信念，是一种以我为中心的极端自私的人生信条，它使人消沉、堕落或凶狠、残暴。

如果把人生比作船舶，信念便是船舵；如果把人生比作杠杆，信念便是支点。船舶有了船舵，才有了正确的航向；杠杆有了支点，才能成为强有力的工具。人生有了崇高的信念，生活才有正确的方向。

人有中心信念，也有随着情境产生的从属信念。人的中心信念贯穿他的全部人生，支配着他的人生成与败的总体格局。

所有有着顶尖成就的人物，都有一套成功者的中心信念：

(1) 上天生下我，必有他的意图、计划和安排。

(2) 每件事情的发生必有其目的，并且有助于我。

(3) 过去不等于未来。

(4) 没有失败，只是成功暂时处于隐蔽状态。

(5) 失败和苦难是上天发给我的信号，教我迅速改变思想

方法。

(6) 成功者只是做了失败者不愿去做的事情。

(7) 不必等到弄清了每个细节才开始行动。

(8) 至少在我生命的某一个重要领域中，我拥有超越的能力。

3、理想和目标——当舵手还是当水手

有了信仰和坚定不移的信念之后，人会不由自主地对他所持的信仰和信念产生崇高的幻想和追求，他要力图达到那样的境界，至死不渝。这是人类献身精神的外在表现。

通过努力在未来能够实现的幻想，叫作理想。**理想产生奋斗的动力和勇气，它是人们精神力量的源泉。**

学生阶段的学习行为，如果源于理想，其行为便是坚定有力的，**人便浑身精神抖擞、意气风发、斗志昂扬，这是有利于学习的精神状态**；如若不是源于理想，便整天无精打采、萎靡不振、形同枯骸，浪费人生。

目标总是与理想相联系，**理想在现实的具体化形象便是目标。**而目标就是你要扮演的角色、你的身份、你要做一个什么样的人来实现这一理想。比如你自小树立了热爱和平反对战争的理想。要实现这一理想，该选择一个什么角色合适呢？于是在心中盘算，当国家领袖可以，当将军可以，当科学家也可以。依目前的条件，还是当科学家最合适！——这就是你的目标！一旦确定了将来当一名科学家，那么现在读小学、中学、大学，便有了明确的目的，浑身充满了学习的劲头，觉得学习是一件高尚的事情，其乐无穷！"我相信，我在学习上一定

是最棒的！我一定能取得成功！"

下面介绍设定目标和实现目标的**五步经典法**：

第一步，用文字写下你的目标，用正面的、肯定的语言来描述你的目标。

第二步，将目标视觉化、数量化，让你的潜意识能正确无误地接收到你的目标讯息；同时，明确地订出目标完成的时间和期限。

第三步，制定明确的衡量标准，以确认你的目标达成的程度。

第四步，制定的目标要能由自己掌控。

第五步，查验你的目标是否符合你人生最重要的价值观。如果不符合，说明该目标不是你真正想要的目标，要重新审视、制定。

目标视觉化的方法——

方法一：做梦想板

心中明确你的目标，找一个与目标相同或相近的图片，用剪刀把它剪下来，贴在你的床头、办公桌或课桌前、电脑旁或书包上，总之能够让你天天、时时都能看见它、凝视它、与它对话。比如你的目标是当一名科学家，那就请你从画刊上剪下或从网络上下载你最崇拜的科学家照片，贴在你身边日常活动的地方，天天凝视他、想象他、与他交流，甚至认为你就是他，你就是那位画刊上刊登的科学家！

方法二：写目标

找一个本子，把你的目标写下来，重复地写，一遍又一遍地写，早起、午休、晚睡，只要一有空就写，写它个100遍、1000遍、10000遍，每天不间断。

在作方法一或方法二的时候，你不必刻意去想什么，也不要去规划过程和细节，只关注你想要的结果就是了！

每天凝视你的"梦想板"，每天写目标，其实就是往你的潜意识输送信息和能量，虽然显意识明白梦想的事情还未实现，但你的潜意识却把它当作现实接受了下来。

你的潜意识是一片肥沃的土地，在那里，如果你撒下的是鲜花种子，那么长出来的定是美丽的鲜花；如果你任它荒芜，不想撒下任何种子，那么天长日久，你的潜意识里必定杂草丛生！

假如你愿意去尝试，你就会得到意想不到的收获，不管是什么样合理的目标，潜意识都会帮你实现。

——这是地球母亲馈赠给我们人类的最珍贵礼物！

4、自尊——鹤立鸡群的滋味

自尊是感受自己应付生活中的挑战的能力，并且认为自己应该得到成功和幸福的一种意向。

自尊是人类的基本需要，当生理的、安全的、爱和归属的需要相对满足以后，自尊就上升为人生最强烈的需求。**健康的强烈的自尊对人的心理具有免疫调节作用，使人增强自信、抵抗困难、修复创伤**；而弱的自尊容易使人在困难面前退却、在挫折面前崩溃，感到生活中更多的是无奈、痛苦和不幸，而不是成功、自在和幸福，他们的人生被负面的、阴暗的色彩所笼罩。所以，拥有自尊对成功学习至关重要。

如何才能拥有自尊？首先要自信，第二要肯定自我。具体方法如下：

(1) 走路抬头挺胸、步伐有力,主动与人握手说话,说话时正视对方的眼睛,笑时放声大笑,坦然地坐在醒目位置,轻松面对众人目光。

(2) 与人交流和表达看法时,始终保持最高的自我评价的心态。

(3) 永远不自我贬低,永远不和自我过不去。

(4) 表情、声音、姿态、动作表里和谐,气度高雅尊贵。

(5) 轻松地向他人表达赞扬、感激和感情,同时也轻松地接受他人的赞扬、感激和感情。

(6) 能够诚实地面对自己的不足,懂得自尊不表示"完美"。能够大度地接受批评、承认错误,能够在他人面前保持友善和尊严。

(7) 轻松自在地对待困难,勇敢地迎接挑战,相信一切都会过去,一切都会变好,一切都能解决。随时释放心理压力。

(8) 对新事物、新观念、新的可能性持开放的、积极的态度。

(9) 能敏感地意识到随时发生的欠缺,并及时补充欠缺,提高应变能力。

(10) 能敏感地意识到时代的变迁,并洞察到时势的动向,作出及时、正确而有效的回应。

以上介绍的只是如何维护自尊的方法技巧性的东西,**真正的自尊,是以自身实力为基础**!实力为自尊提供了底气!同学们,你知道怎么做了吗?

一个没有实力的人,即使外表显得刚愎自用,其实你从他的眼神可以读出怯弱和无力感。**一个有实力的人,从里到外都洋溢着一股无言的自信**!

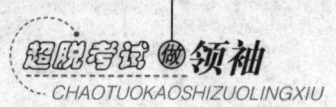

5、自信——你对你自己的印象，决定你一生的前途

成功者与失败者的分界在哪里？

智商吗？聪明绝顶但一无所成者多的是！

情商吗？七窍玲珑、左右逢圆、但终其一生平庸无为者数不胜数！

学历吗？学富五车、但穷困潦倒者随处可见！

勤奋认真的程度吗？起早贪黑、勤勤恳恳、任劳任怨、没有功劳但有苦劳者数以亿计！

——成功者与失败者的分界在自信！**成功者在成功之前就坚信自己能够成功，失败者还没有开始行动就认为自己必定失败。**

通用汽车公司创始人老福特说："**无论你认为你是什么，你都对！**"大意是，当你认为你是成功者，你是对的，因为最终结果证明你成功；当你认为你是失败者，你也是对的，因为最终结果证明你失败！

案例：

清光绪年间，孙中山留学归来途径武昌总督府，想见湖广总督张之洞。他递上"学者孙文求见之洞兄"的名片，门官随即将名片呈上。

张之洞一瞧很不高兴，问门官来者何人？门官回答是一儒生。张总督拿来纸笔写了一行字，叫门官交给孙中山：

"持三字帖，见一品官，儒生妄敢称兄弟。"

这分明是瞧不起人。孙中山一看，只是微微一笑，对出下联："行千里路，读万卷书，布衣亦可做王侯。"

门官将之呈上张之洞，张一见，不觉暗暗吃惊，急命大开中门迎接这位风华正茂的读书人。

孙中山当他还是一介儒生时，就已相信自己将来是"王侯将相"，这就叫"自信"！

一个人一旦建立了信任自己的感情，这份能量就会在不知不觉中流入到你的潜意识中去，而你的潜意识与人类的集体潜意识是连通的，透过这条连通管道，人类集体精神力量与你自己的力量汇合起来，成为你取之不尽用之不竭的力量源泉，助你成功！

所以，你不是孤立的，**历代所有成功人物的精灵都与你站在一起**，守候在你的身旁，等待着你的召唤！我们现在要做的，就是如何**将自己打扮成成功人物的模样**，站到成功者的行列，召唤成功者的精灵！

打扮成成功人物的模样，就是以**成功者的自我形象**，进行成功者的思考！

自我观想法

① 案例

美国一所大学在女生中进行"谁是最动人的男性"的测验，一位女生回答："如果他觉得自己是动人的，那么肯定就是动人的。"

② 演练

第一步，入静：或坐或站，闭上双眼，深呼吸，用心灵的剪刀剪除杂念。

第二步，想像：用意念想像自己站在身外，正用心灵之眼观察自己的身体，想像自己，通体透明，发光，长大，长高，顶天，立地，正大光明，自在微笑，目光炯炯，成竹在胸，自信满满，神采奕奕，……

第三步，语言暗示：我真棒！我光明正大！我正大光明！我是个成功者！我是个大写的人！

第四步，感情投入：心中默想："我的形象真好！我喜欢我自己的模样！我相信我是个成功者！我相信我自己，我身上的每一个细胞都相信，我的每一块肌肉、没一根骨头都相信！"

对镜演练法

站在一面大镜子前，面对镜中的我，直视镜中人的眼睛，端详，微笑，赞美：

- 我的额头多宽广！我的眉毛多有形！我的眼睛多明亮！我的鼻头多丰满！我的嘴唇多方正！我的脸庞多光彩！
- 我是一个多么英俊、多么潇洒的成功人物！
- 看我的眼神，能把这纷繁的世界一眼洞穿！
- 我是世上独一无二的成功人物！

角色预演法

假定你的理想是将来当一名企业家，那么，你可以把"将来时态"拉到现在，改为"现在时态"。现在你开始做角色预演：

找来几位同学，分别任命张为A公司总经理，李为B公司总经理，赵为C公司总经理，王为集团财务总监。请他们于×月×日到总部召开年度经营报告会。

- 8：00 入会人员签到，张、李、赵、王、记录员会议室就坐。
- 8：05 总裁"你"，精神抖擞，登上主席台，亮相，就座，宣布会议开始：各位总经理、总监，大家好！现在，我们召开年度经营绩效报告会,请大家踊跃发言!

- 8:07 A公司张总经理报告:总裁、各位好!我是A公司总经理张××,下面我就A公司本年度经营状况向在座各位汇报如下,……。汇报完毕。谢谢!
- 8:18 B公司李总经理报告:总裁、各位好!我是……。汇报完毕。谢谢!
- ……
- 9:00 总裁:谢谢各位的报告!今年度,A、B、C三家公司经营绩效良好,达到甚至超过了去年底预定的总目标,我很满意。在此,我衷心感谢你们!现在,让我们一起来为明年的市场形势作一个预测,并考虑下一年度的经营目标,……
- ……
- 9:30 总裁宣布散会。张、李、赵、王、记录员顺序出场。

自信呐喊法

太阳出山。面向太阳,看一轮红日,冉冉升起。张开双臂,上举,呈"V"字型。用力张开嘴高声呼喊:

- 我向太阳起誓,我是成功者!
- 我向蓝天起誓,我是成功者!
- 我向大地起誓,我是成功者!

登山,站在山顶,看群山峻岭,威武雄壮。张开双臂,上举,呈"V"字型。用力张开嘴高声呼喊:

- 我向蓝天起誓,我是成功者!
- 我向大地起誓,我是成功者!

- 我向群山起誓,我是成功者!

看海,潮来潮涌,波澜壮阔。面向大海,张开双臂,上举,呈"V"字型。用力张开大嘴,高声呼喊:

- 我向大海起誓,我是成功者!
- 我向蓝天起誓,我是成功者!
- 我向大地起誓,我是成功者!

以虚为实法

一个经典案例——

拿破仑·希尔年轻时去采访钢铁大王卡耐基,不知是他显露的热情还是其它什么原因,引起了钢铁大王的兴趣。卡耐基给他出了一道题目,要他花20年的时间去采访类似自己的成功人士,并创立一门新的成功哲学。当时拿破仑·希尔几乎是一文不名,但卡耐基除了愿意帮他引荐有关人士外,不提供任何经费。

这当然是一件很难的事。为了让希尔实现这个目标,卡耐基教了他一则"无上心法",并让他一定要记到本子上:"安德鲁·卡耐基,我这一生不仅要取得象你那样的成就,我还要在历史舞台的起跑线上向你挑战并且超过你!"

一听这则"心法",拿破仑·希尔本能的做法是立即拒绝:"卡耐基先生,你非常清楚我不可能做到这一点。"他当然可以找出一大堆拒绝的理由,不说别的,他只有高中学历。对此,卡耐基的回答是:"你可以先试30天——只试30天。"

离开卡耐基后,拿破仑·希尔回到了与兄弟合住的公寓。他不想让兄弟知道自己将干一件多么愚蠢的事,所以当他想复述那个"无上心法"时,便躲进了浴室,把门关得严严实实的。开始时,他几乎是用很小的声音说出了那几句话，但立刻又对自己说："你这个该死的骗子！你很清楚你是不可能做到这一切的！"这样差不多过了一个星期，他都感觉到自己在骗自己。

大概在第一周最后一天，他心里又有个声音对自己说："你应知道，安德鲁·卡耐基可是世界上最好的伯乐，他还是世界上最富的人，说不定他发现在你身上存在着某些你自己还未发现的潜力。你为什么不能改变自己的想法，看能不能从这件事上找出一些对你有益的东西呢？"

后来他终于改变了自己的想法，在那个月的月底，他不仅相信自己将努力追赶卡耐基先生，而且在内心深处相信一定会实现这个目标。20年过去了，事实证明了卡耐基当时预见的正确。就论对世界的影响来说，成功学家拿破仑·希尔的确超过了他。虽然拿破仑·希尔不像他那么富有，但起码他造就了许多的百万富翁，而且还影响了像英·甘地那样的世界级领袖。

阿尔伯特·爱因斯坦曾被问及是如何发现"相对论"的，他说："我对一个不可能的原理提出了质疑。"同学们，请把"不可能"三个字中的"不"字去掉吧，让它变成可能！（Impossible → I'm possible）如果你正面对一座山峰，而别的人认为这座山峰永远也爬不上去，那么你就开始制定一个计划，努力攀登，然后站在山顶上，向所有那些泼冷水的人说："也许你们做不到，但是我能做到！"

请时常翻开本书，找一些让自己感到自信的精彩片断，揣摩朗读：

- 这个世界上没有人能够让我失败，除非我自己愿意接受人家的安排。
- 每一个错误都是一次学习的经历，是通向成功的阶梯。
- 笑对恶语：我不允许自己感到不快而让别人感觉更好。
- 坦然面对失误：偶尔犯错，并不会使我的价值减少。
- 当我担心别人怎样看我时，他们大概也在担心我怎样看他。

- 我越重视他人的意见，我的自由就越少。
- 我不必为取悦他人而忽略了自己的长处。
- 我容允别人有理由与我不同。
- 我不必凡事都要求完美，那样只可能让自己活得很累。
- 既然我是世上独一无二的，与别人攀比就毫无意义。
- 我不必因为某个方面比别的人差而烦恼，事实上我在其它方面比别人更优秀。
- 我所作出的正确决定远远多于错误决定。
- 我无需反击批评和攻击，我不要与他回应而钻进了他的圈套。
- 我不会随便接受别人免费为我做的决定，尽管我的决定并不总是十全十美，我也要学会独立思考，独立决定。
- 我要大方地接受别人的赞美，而无需害羞。
- 我看重自己的意见，不必为讨好他人而放弃自己的原则。
- 不要把竞赛当真，无论是输还是赢，我永远有价值。
- 我自己的需要才是重要的，不必为所谓的虚荣而忽略了真实的我。
- 我不用过多地高看别人，当我高看别人的时候，他却反过来低看我。
- 原谅自己的错误才是最明智的，因为我的所为是基于当时所能拥有的信息而做出的最英明的决定，事情过后，我应该把精力放在如何改善事情上，而不是浪费在谴责自己上。
- 每件事情用不同的观点都会有不同的解释，重要的是，我可以选择一种对自己有利的方式来解释这些事情。
- 当事情没按原来的设想发展时，我不要责怪他人，因为事情是我做的，理应由我来承担，这样我的控制权就牢牢掌握在我的手里！

6、我的画像，我的词典

每个人的头脑里面都有一些正面的和负面的、积极的和消极的、光明的和灰暗的想法，这些想法就象鲜花与野草，同时生长在你的心田里，当你要收获鲜花，不小心也收获了野草的种子。

现在，让我们分辨什么是鲜花，什么是野草，拔掉野草，留住鲜花，永葆心田的纯洁和美丽！

鲜 花		野 草	
正面的、积极的观念		负面的、消极的观念	
可爱	友好	讨厌	敌意
讨人喜欢	优秀	憎恶	低劣
漂亮	乐意	丑陋	不愿
充满喜悦	开心	痛苦	伤心
平静	美妙	躁动	枯燥
自信	英俊	自卑	萎琐
满足	幸福	不满	悲苦
高雅	聪明	粗俗	愚钝
愉快	整洁	气馁	邋遢
热情	轻松	冷淡	紧张
安祥	温柔	苦闷	粗暴
崇高	理解	低贱	不懂
……更多	……更多	……更多	……更多

六、领袖是体，品格是魂

鲜 花	
正面的、积极的观念	
可爱	友好
讨人喜欢	优秀
漂亮	乐意
充满喜悦	开心
平静	美妙
自信	英俊
满足	幸福
高雅	聪明
愉快	整洁
热情	轻松
安祥	温柔
崇高	理解
……更多	……更多

　　将正面的、积极的思想和观念，收集起来，编辑成一本便携式小册子，在小册子的封面上方郑重地写上书名：《我的画像——我的词典》！中部写上自己大大的姓名，每天带在身边，随手翻阅，把随时采摘的"鲜花"随时记上，同时不要忘了，要将随时碰到的"杂草"随时拔掉！——个光明的、高尚的、成功的自我形象便建立起来。

　　自今日起，你要让全世界知道——

　　我的词典里面：

　　　　　　没有'不'字！

　　　　　　没有'怕'字！

没有'我不行'！

没有'我不好'！

没有'我做不到'！

没有'我很蠢'！

没有'我很笨'！

没有'消极'！

……

只有'好！'

　'行！'

　'我真好！'

　'我能行！'

　'我真棒！'

　'我能做到！'

　'我一定成功！'

　……！"

7、聪明地解释世界

　　这个世界每天都在发生新的事情，每天又在继续昨天的旧事。有的事情发生在身边眼耳可及之处，有的发生在遥远的地方，似乎与你毫不相干。对与你相干的事情作何解释，将显著地影响你的心态；对与你不相干的事情作何解释，将潜在地影响你的心态！

　　有什么样的心态就有什么样的人生，要想拥有一个好的人生，就要有一个好的心态！

好的心态，源于对世界、对万事万物给予好的解释——

（1）我很丑，但是我很温柔！

（2）我很矮，但是我很聪明！拿破仑矮小，当了法国皇帝；邓小平矮小，做了世纪伟人！

（3）我很胖，但是我有一颗善良的心！听科学家叔叔说，肥胖，源于人类基因最原始记忆，为了应付未来可能出现的饥荒，囤积脂肪，保证比瘦人活命更长。

（4）我的眼瞎了，没关系，我的耳朵将会更灵敏！我的耳聋了，没关系，我的眼睛将会看得更远！我的腿瘸了，没关系，我将少去是非地，少惹不必要的麻烦！

（5）我生病了，没关系，刚好只有这会儿才有时间静下心来，回顾历史，展望未来，规划人生！

（6）他打了我，没关系，根据牛顿第三定律，我也打了他！

（7）他骂了我，没关系，只要我不还嘴不接收，他的骂词能量就像子弹碰到反射墙，弹回去，击伤他自己！

（8）她对我态度不好，没关系，那是她自己的问题，是她自己对自己不满意，转移到我身上而已。

（9）我爸在单位里总是挑大梁、担重任，评先进总有他的名，可提干从没他的份，他自己也乐得其所。徒弟们常打抱不平，他哈哈一笑，说：任何事物都有两面性，当官固然好，不当官不犯错误不坐牢，半夜敲门心不慌！

（10）我爸英年早逝，撇下我和娘孤儿寡母相依为命。毕竟娘学过哲学，自小开导我，多吃点苦不是坏事，这是上天有意垂青于我，提前苦我心志，劳我筋骨，自我造命，迟早有一天，国家要来召唤我！我知道，孟子就是这样过来的人。

（11）最近，我们班来了位插班生，一个漂亮聪明的女孩儿，听说她爸是个大官，刚调来本县。于是，班上热闹起来了，男生们个个蝶恋花，女生们也纷纷模仿她的穿着打扮。只有我，心无旁骛，"坐怀不乱"，因为我觉悟到，这又是上天来训练我的定力来了！

（12）学校组织春游，我家穷，没钱出去玩，但是妈妈硬是劝说我参加了这次活动，我感动得哭了。因为我很清楚，为了这笔春游的钱，我妈不知又要额外付出多少艰辛的劳动！我一定要好好学习，决不辜负妈妈的期望，做个有出息的人！

（13）春游时，正当大家玩在兴头上，突然跑来个脏兮兮的小孩伸出个破碗讨钱，"去去去，滚到一边去！"有人打着手势呵斥起来，更多同学无动于衷。我鼻子一酸，一把拉过小孩，把包里的食品拿出来塞给了他，同学们面面相觑，场面有点尴尬，我吼叫起来："谁能保证自己一辈子富贵双全？你们有点同情心好不好？"不久开始有同学给了小孩零钱，看那样子，有点不情愿。大家不懂我的心，看见这个小孩，就像看见了我自己。

（14）班会上大家讨论国际形势，有人提议预测中东局势，有个同学大声嘟哝了一句："伊拉克真是个很奇怪的国家，有些象我们这般大的青少年，干吗那么傻，偏要做人肉炸弹，自己找死，我真想不通！"附议者嗡嗡。我说："这还不简单？如果哪一天，你妈把你生在伊拉克，你没做错任何事，可是偏有侵略者随便找个借口，践踏你的国土，炸毁你的家，杀死你的父母，你将作何感想？"

（15）我努力了，但我的数学成绩依然不好。我该去做一下心理测验了。测验结果，心理医生说，我的智能倾向性不在数学—逻辑方面，而在自我认知能力超强，我的智能优势，是洞察宇宙万物万象，揭密大自然和人类社会，破除人们的愚昧和迷信。好了，这正是我最喜欢的事情，我将按照我的优势，构建我的知识结构，报考人类学或自然辩证法专业。

(16) 物理老师有点口吃，于是有同学不喜欢他，接着不喜欢物理课，甚至有个同学更邪门，下课后宣布说："这节课上，老师共说了34次'那个'，平均45秒钟说1次！"。主题班会上，就物理课问题，我大声表达了我的观点："不错，物理老师是有点口吃，但是这跟物理学有什么关系呢？科学是人类集体的精神财富，不属于任何个人，我们今天是来求学的，学习的目的是为了长大更好地为祖国、为人类作贡献！有一个人，名叫斯蒂芬·威廉·霍金，全身瘫痪，不能写字，口齿不清，但是，这并不妨碍他在剑桥大学当教授，不妨碍他在2006年于中国的人民大会堂讲述《宇宙的起源》，不妨碍他被世人赞誉为当代的爱因斯坦！如果不信，请上网查询，看看他的图片。因此，老师上课，数他的口吃次数，不喜欢他，继而不喜欢物理学，这种思想是浅薄的！尊重知识，尊重知识分子，是我们应当好好学习的思想品德课！"自那以后，我们班上的学习风气比以前好多了。

(17) 有一次，地理课代表张××同学代老师发放试卷时，把分数最低的徐××同学与分数最高的许××同学两人试卷发反了，引起周围一阵骚动，弄的徐××同学一连几天精神委靡无心听讲。周六放学后，我先约了张，讲徐的优点123，再约了徐，告诉徐，张的举动可能挫伤了你的自尊心，但张的用意，是创造机会让你向许学习，看看许是如何答题的，以便提高地理课学习成绩。然后请张向徐委婉地道歉。最后他们成了一对好朋友，张帮徐辅导地理，徐帮张辅导化学。

(18) 坐在第二组第二排的王××和方××，大家都知道，王学习很努力，成绩在班上名列前茅，方呢？纨绔子弟，没把心思放在学习上，常常有意无意向同学们炫耀他的老爸和轿车，大家都看不顺眼。可是最近期中考试，王××和方××的分数竟然并列第二名，这让大家不可思议。我是学习委员，自然要为端正班风负责。我找到王，了解到事情的真相，是方向王"行贿"："你帮我考出高分，将来我让我爸在县里给你安排个好工作！"我告诉王，工作是自己挣来的，不是人家给的，你的行为不但对方的健康成长有害，也危及到班级文明建设。我找到方，告诉他，"你爸爸的职务是人民给的，不是他的私有财产，你的行为叫做'吃软饭'、'行贿受贿'，违法行为，同学们最瞧不起，现在是给班级、将来是给国家污染精神文明环境，必须迅速改掉，否则有一天，关进牢房后悔晚矣！"

(19) 本来填报的是"机械系"，来的却是"医学系"通知书，这里面有什么寓意呢？上天为什么要阴差阳错乱点鸳鸯谱呢？让我好好想想。机械系，运用了我的"视觉—空间"及"身体—运动"两者的综合优势，医学系，有没有运用我同样的优势呢？对了，医学系毕业了，要给病人动手术，动手术活动，正好运用了"视觉—空间"及"身体—运动"智能！看来，上天的安排是对的，他有意要安排我履行"救死扶伤、实行人道主义"的崇高义务，这比单纯发挥我的"机械智能"更有价值、有意义的多！

(20) 今年高考期间偏偏生病住院，错过了上大学，你说气不气死人！可是这件事情的背后到底有不有"隐藏"其它的含义呢？今年上不了大学，明年肯定要再考。在这一年时间里面，我要复习，温故知新，对了！温故知新！我要在今年的优异成绩基础上，继续巩固提高，明年考清华、北大肯定没问题！咳，上天早有他的安排，让我更好地发挥聪明才智，将来做一个更有用的人！胡锦涛主席不就是清华毕业的吗？我也要立志当一名领袖，继续我那生来就是冠军的事业！

任何事物皆有两面性，"一阴一阳之谓道"，独阳不生，独阴不长，矛和盾对立又统一。

从前，有位老奶奶，她有两个儿子，大儿子卖雨伞，小儿子开了家洗染店。天一下雨，老奶奶就发愁："哎！我儿子洗的衣服到哪里晒呀？要是干不了，顾客就找他的麻烦了……"

天晴了，太阳出来了，可老奶奶还是发愁："哎！看这大晴天，哪还有人来买我儿子的伞呀？"

就这样，老奶奶一天到晚，愁眉不展，吃不下饭，睡不着觉。一位邻居见她一天天衰老下去，便对他说："老奶奶，你好福气呀！一到下雨天，你大儿子的雨伞就卖得特别好，天一晴，你小儿子的店里就顾客盈门，真让人羡慕呀！"

老奶奶一想："对呀！我原来怎么就没想到呢？"从此以后，老奶奶不再发愁了，她吃得香，睡得甜，整天乐呵呵的，大家都说她好象变了一个人。

当你往好处想，事情就会往好的方向发展，最终结果证明你"当初的想法"是正确的；当你往坏处想，事情就会往坏的方向发展，最终结果证明你"当初的想法"也是正确的！——

（1）从今天开始，宽恕自己的缺点，重视自己的优点。把"缺点"自我翻译成"为优点服务"的正面思想。

（2）同时也宽恕别人的缺点，因为只有宽恕，才能清除你体内暗藏的一切有害物质的不利影响，让你轻装前进。

（3）从今天开始，停止再把自己的坏遭遇归咎于外在的因素或其他人。你不能总是把注意的焦点集中在外界的事物上，你不能把你对自我的控制权都交给外界。请收回你的权力吧，别再遗失了它！

（4）接受你自己，只有你自己最了解自己的感受，只有你自己最关心自己的需要，只有你自己才能为你所处的环境和结果负责。"我的命运掌握在我的手上，让我自己替自己负责，我接受这项挑战！"

（5）相信发生在你生活中的一切——无论是好是坏——都有其发生的理由，并且有利于我！

8、正确地看待苦难——苦难的积极意义

有哲人说：上天若是不愿使一个人成功，那么最佳方法是不给此人以经受苦难的机会！

难道成功和苦难是一对冤家？不，**成功和苦难是一对情同手足、相濡以沫的兄弟**！

释迦牟尼的成功，与他舍弃王位、忍饥受寒、苦修斗魔相联系；孔圣人的成功，与他备受冷落、世道炎凉、曲高和寡、穷途饿路相联系；耶稣的成功，与他艰苦传经、为世人赎罪、代世人受刑相联系；马克思的成功，与他终身贫困、病磨、迫害相联系；……从远古到现代，没有一个伟人没有经受过苦难的折磨——是苦难成就了他们的伟大！

成功和苦难，是天平两端托盘上的物体，苦难就是那砝码，成功就是那待称的重物。一只平衡的天平，它的两端总是等量的。

现实中的人们，只要成功，不要苦难，除了毁坏天平，别无第二种可能。

两千多年前，中国有位名叫孟轲的圣人，他在总结历代众多卓有建树的伟人之后勉励人们说："故天将降大任于斯人也，必先苦其心志，劳其筋骨，饿其体肤，空乏其身，行拂乱其所为，所以动心忍性，增益其所不能。"

"生于忧患，死于安乐"！

如此，大自然才能处处体现它那无所不在的伟大法则——公平与和谐！

苦难是成功发出的信号——愈是巨大的成功，苦难信号的光焰便愈是炽烈——

碳元素，只有在地底下经受剧烈的高温、高压和上万年的艰苦磨难之后，才能成就金刚不坏之身！

削铁如泥的玲珑宝剑，只有在经受比普通刀剑更痛苦的锤炼之后，才被打造出来！

孙悟空只有在八卦炉的真火中痛苦地磨难，才能炼就一双洞穿一切妖魔鬼怪、分辨真善美恶的火眼金睛！

唐玄奘只有经受生死难熬的"八十一难"之后，才能取到有字的真经！

李白只有在济世理想屡遭破灭、聊借杜康以舒解万古情愁之时，才有那斗酒百篇名垂千年的诗仙美誉！

塞万提斯只有在身陷贫困、债台高筑、饥寒交迫，才能写出那《唐吉珂德》传世名篇！

华特·迪斯尼，这位百年难遇的欢乐使者，在历经童年的艰辛、青年的贫困等持续的生活磨难之后，才创造出真善美、想象和爱的卡通艺术作品，以及那富甲天下的迪斯尼企业帝国！

诺贝尔一生多病多灾，在几经死亡之神的洗礼与磨难、浑身伤痕累累、几十几百次的失败打击之后，才有那350多项发明、富冠帝王的财富和百年景仰的殊荣！

在凡人的眼里，苦难就是苦难，他们唯恐苦难避之不及！

在伟人的心中，苦难象征幸福，他们唯恐苦难受之不足！

甜蜜是平凡的毒药，苦难是伟大的食粮！

成功者在苦难中学习，

  在苦难中思索，

  在苦难中强筋骨，

在苦难中奋起抗争,

在苦难中长智慧、长毅力、长品格!

他们歌颂苦难,欢迎苦难,自找苦难!

失败者在苦难中窒息,

在苦难中烦恼,

在苦难中摧眉折腰,

在苦难中萎靡不振、自甘堕落,

在苦难中为求肉身存活而逼使精神死亡!

他们害怕苦难,诅咒苦难,逃避苦难!

顺者凡,逆者仙,——

未曾经受任何苦难的人,

和贫穷一样,

是一种缺陷,

注定一生平庸或悲惨!

从一个人如何对待苦难,便可知他终生的造化因缘!

苦难是上天有意编排的一出面具游戏,演好演坏全看演员自己!

为了演好这出戏,有人:

　　　　餐风露宿;

　　　　寒舍茅房;

　　　　土里扒食;

　　　　夜宿孤坟;

　　　　沿街乞讨;

　　　　胯下受辱;

　　　　野外求生;

　　　　卧薪尝胆;

　　　　闻鸡起舞;

六、领袖是体,品格是魂

枕戈待旦；

横眉冷对千夫指，俯首甘为孺子牛；

……

我十分欣赏英国皇家中学的做法，为了弥补实际生活中欠缺苦难的磨练，他们吃菜吃粮是自己耕地自己播种自己收割，住房是师生自己盖，他们生活中的许多物品都来自于亲手劳动的成果，他们管这叫——学习！尽管他们来自于公爵、王室等上层高贵家庭，但该校师生们认为，苦难是人生的必修课！他们懂得，从来没有一个纨绔子弟能成就大业，唯有经受过苦难的折磨，才能承继、守持和光大父辈们的祖业和光辉！

在安骐尔公司大厅、辅仁学校办公室和我在蕲春的家里都贴有一幅标语，献与成功者一同分享——

> 顺则凡，逆则仙！
> 人若顺从自己的动物本性，
> 懒惰、贪婪、潦草、不负责任，
> 那么，他将变得很平凡！
> 人若逆着自己的动物本性，
> 勤劳、大度、认真、肯负责任，
> 那么，他将变得很高尚！
> 是平凡，还是高尚，
> 取决于自己的选择！

9、正确地看待失败——失败的积极意义

现在让我们来看看失败在人类的进化中所扮演的角色。今日生活在地球上的人类是经过了一段艰辛的历程后才有了今天的面貌。我们都是那些在物竞天择中存活的人种的后代。让我们来想想史前人类在他们每天的生活中所遭遇的挑战吧——

- 饥饿和疾病
- 气候剧变
- 部落间的战争
- 野生动物的侵犯

所以，当他人失败后，我们则因以下原因而进化——

- 适应（利用动物皮毛作为衣服，以洞穴为庇护所）
- 创新（利用骨头和石头作为器皿和武器）
- 实验（用火、种植和尝试不同的食物和药物）
- 沟通（使用图画和手势进行沟通。如果你能说服别人加入，则存活者更多，集体力量更强大）

正是做了这些事的族群在经历了失败、积累了经验、克服了生存的障碍之后，存活了下来。

想想看，当我们在孩童时代，想要走路、吃饭、穿衣、读书、写字、骑自行车时，我们做了哪些事情？——失败！然而，会不会有人因为学习走路跌跤失败从此就不再走路了呢？不会！因为我们本能地知道失败是生活的一部分！害怕失败是没有必要的！逃避失败就是逃避成功！

假设我们一起来登泰山看日出，总共要攀登一万级台阶，只有登上最后的第 10000 级才能见到日出，前面的 9999 级都看不到太阳。那么我请问，前面的 9999 级台阶难道都叫失败吗？不，每一级都是成功！每一级都是通向最后第 10000 级的必要步骤！

失败，只是人们主观上给事物下的一个定义，换一个角度，它也许叫做"信号"，叫做"转机"，叫做"停一停"、"想一想"、"换一换"、"笑一笑"！

失败是信号——黑暗是黎明的信号；低潮是高潮的信号。

失败是转机——山穷水复疑无路，柳暗花明又一村。

10、一千个心动，不如一个行动

> 比江河更宽广的是大地，
> 比大地更宽广的是海洋，
> 比海洋更宽广的是天空，
> 比天空更宽广的是心灵，
> 比心灵更有力的是行动！

一颗伟大的心灵，只有在行动之后，才能显示出心灵的伟大！

没有行动的思想，是空洞的思想，其力量再伟大，也等于飘缈的幽灵！

没有思想的行动，是盲目的行动，其力量再伟大，也等于"湘西赶尸"！

思想是行动的灵魂，行动是思想的武装，二者协同起来，才能战无不胜、攻无不克、摧枯拉朽、所向披靡!

一千个心动,不如一个行动!

本章将逐一介绍静力、悟力、念力三种思想力,接着介绍亲力、磁力、控力、预力四种行动力。

11、静力——沉住气,稳住魄

东方文化是"静"的文化,西方文化是"动"的文化。古代文化是"静"的文化,现代文化是"动"的文化。有了这个认识,我们自然就明白了,为什么人类精神的巨匠大多诞生于两千多年前的世代,而越接近现代,科学家越来越多,思想家越来越少。在人类文明历史的进程上,内求在先,外求在后,两者发展速度未能同步,这个现象从侧面揭示了一个真理,即:内在力量大于外在力量!同时也揭示了为什么肉体力量超过人类的大象、狮子、老虎、马、牛和猩猩,却没能主宰地球众生,成为万物之灵的一个道理,在于:人较其它动物更具有思想力!

思想的力量,换言之,心灵的力量、意识的力量、精神的力量、灵魂的力量,——名相相异实质相同的这些非物质的力量,——这种能量的聚集体,它源于生物个体,从最初的生命形态,历经几千几万代、代代相续的能量累积,一路进化到你、我、他今天的水平!

肉体的力量,仅源于生物个体所发出的,生物的、物理的、化学的、电的和机械的力量!

一个是几千几万代逐代累积的能量,一个是仅限于本世代单个个体发出的能量,两者相较,力量强弱自见分晓。

使人进入入静状态，是开发理智力、情感力、想象力等思想力的最简捷、最方便的途径。

每当人处在躁动状态，β脑波占据优势地位，α、θ脑波消失，显意识忙碌地工作，潜意识被心灵的大门紧紧关闭在心灵深处，此时刻，人所启动的是他单个肉体的力量。显然，躁动状态时人的力量最小。

在入静状态，β脑波活动开始减弱，α、θ脑波开始由弱变强，心灵的大门由关闭渐渐敞开，个体潜意识开始活动，人体潜在能量被唤醒调动起来，此时刻，人所启动的力量已包含他过去世代的能量累积。显然，入静状态时人的力量显著增大。

如若进入深层入静状态，经由个体潜意识通道，人也能开启全人类共有的能量宝库之门——进入集体潜意识！此时，已非他个体行动所为，他已然置身于人类集体智慧的汪洋大海之中，尽情地畅游，尽兴地呼吸；在这里，他已然进入时光隧道，自由地与历代思想家们抒发情怀；他思潮如大海奔涌，他智慧之语如甘泉汨汨流淌，——释迦牟尼菩提树下静坐悟禅，老庄深居简出打坐修道，爱因斯坦乘坐光子遨游星空，我臆想，他们当其时，正处于深层入静状态！

入静产生灵感，入静产生思想，入静为所不能为，——入静是通向成功顶峰的第一道修炼法门！

培养静力和定力，练习在物欲横流、人性浮躁的身外世界，寻找一处内在平静的港湾，以达与天通灵的境界，——让我们在这个境界里，觉悟人生宇宙之理，是谓古圣人之策！

佛教的坐禅，道教的静坐养生，印度的瑜伽，中国的太极，都是练习入静的入门法。

下面，让我们一起按照下文的提示，进入入静的状态：

练习打坐

说明:打坐是入静、心悟的基本姿势,这种姿势能使身体保持平衡,比较舒适地坐较长时间。打坐时,尽量不要动——身静有助于心静。一般情况下,身体稍感疼痛或不适时要坚持,只有迫不得已时才可活动。

①换一套宽松舒适的衣服,使动作不受衣服的羁绊。找一个无人打扰的安静地方——比如卧室或花园里的安静角落。

②双腿交叉坐在垫子上,垫子要足够厚,臀部至少要离地面10公分高。

③身体稍向前倾,左脚后跟尽量贴近身体。

④抬起右脚,放在左小腿上,坐正。(如果你觉得舒服的话,也可以把右脚放在左大腿上,采取半莲花式。)采用这种姿势,膝盖应当贴近地面,但不要勉强,日久天长你的腿会变得比较柔软。

⑤将右手放在肚脐部位,手心朝上,左手叠放在右手掌上(也可相反)。

⑥保持这个姿势,微闭双眼,用微光盯住自己的鼻尖。

练习呼吸

⑦现在开始用鼻子慢慢吸气,1-2-3-4-,一秒钟一下共数四下,停止。想象一道天光,随着你的吸气从蓝天直穿头顶百会穴而来,穿过大脑,再依次穿过胸膛、腹部,然后分叉,穿过四肢,到达指尖。

⑧屏住呼吸,1-2-3-4-,数四下,想象光气充满全身,映照身体每一个器官、组织、细胞,感觉通身透亮。

⑨慢慢呼气,1-2-3-4-,数四下,想象光气挟带着体内的灰色

杂质和念头，从脚指尖、手指尖，如一缕轻烟，缓缓放出。

⑩重复7-9步骤5次。

⑪体会身体放松、年轻健康、朝气蓬勃、百病万念尽消的感觉。

练习放松

⑫养成全神贯注呼吸的习惯，微闭双眼，然后将注意的焦点集中在头皮上，随着吸气——呼气——（感觉到）头皮放松，再将注意力从头皮转移到额部，吸气——呼气——（感觉到——额部放松，然后将注意力转移到眼部，吸气——呼气——（感觉到）眼部放松，如此，顺序下来，——脸部放松，——颈部放松，——肩部放松，——手臂放松，——胸部，腹部，下腹部，臀部，大腿，小腿，脚掌，脚趾，身上所有的关节、肌肉——放松。

⑬熟悉了放松的顺序之后，配合呼吸，想象，吸气——天光从头顶百会穴流进——头皮放松、额部放松、眼部放松、脸部……脚指尖依次放松，呼气——杂质气流从四肢指尖流出——。

⑭重复第13步骤5次。细心体会：全身放松、年轻健康、朝气蓬勃、百病万念尽消的感觉。

⑮慢慢练习，想象配合呼吸——放松——将身体的各个部位由分开而一体串联起来，继续静坐感受全身，你会对自己的身体产生感激之情，因为它充满活力，无需你刻意控制，自动行使自己的职责。

练习入静

⑯就像1-15那样，把你的想象、你的注意力、你的感觉全部集中在呼气和吸气上。

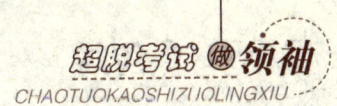

⑰也许,你的思绪会不自觉地飘走,不要紧,也不要自责,当你感觉到的时候,用意识把思绪收回,继续关注在呼气吸气上。

⑱头脑中只想一件事情:吸气——呼气——。

⑲吸气——恍兮惚兮,一念代万念,呼气——惚兮恍兮,万念归一念,恍兮惚兮,惚兮恍兮,万念归一,悠悠我意。

⑳悠悠我意,我意呼吸,睁开眼睛,注意力缓缓收回。

练习祛除杂念

㉑熟悉了入静的感觉之后,让我们来做祛除杂念的练习。

㉒找到一个安静的地方,那里没有风吹,没有雨洒,没有阳光直晒。准备好简单的食品、饮料和坐垫,如果天气凉,再准备一条小毛毯。物品要事先准备充分,不要中途想起来,又返回去取。

㉓打坐,微闭双眼,深呼吸,入静,将注意力集中在"呼气——吸气——"上。

㉔如果你心中有项悬而未决的问题,或是你所关注、热爱的事物,请将该事物用想象力转换成"一幅图像"。

㉕继续将注意力集中在"吸气——呼气——",然后,将"图像"搭载到"吸"和"呼"上,于是,注意的焦点便由"吸呼"渐渐转往"图像"。

㉖也许,你的思绪会不自觉地飘走,不要紧,也不要自责,当你感觉到的时候,用意识把思绪收回,继续关注在"图像"上。

㉗头脑中只想一件事情:图——像——。

㉘恍兮惚兮,一念代万念,惚兮恍兮,万念归一念。恍兮惚兮,惚兮恍兮,万念归一,悠悠我意。

㉙悠悠我意,我意"图像"。

㉚慢慢睁开眼睛，注意力缓缓收回，有"一幅图像"仍然清晰地挂在眼帘。

平时应用

平时上课、作业、考试、上班、开会……，免不了有时思想开了小差，脑筋跑了神，严重的，注意力分散、考试掉分、科研错误、战场失败……！

修练入静功夫，能帮助你集中精神，顺利迈向成功！

每当你意识到脑筋跑了神，请依下述步骤将大脑唤醒：

静坐，双手相叠置于下丹田，闭上眼睛，吸气——1-2-3-4-屏息——1-2-3-4-呼气——1-2-3-4-，意念集中在一吸一呼上，重复5遍。如果不行，再来3遍！此法简单易行，效果甚佳。

12、悟力——领袖的无上心法

由静及悟，思想继续往里行走，你的显意识躁动的"假我"渐渐淡化远去，潜意识灵动的"真我"，"犹抱琵琶半遮面，千呼万唤始出来"。

"悟"中所见的景像，与显意识所见完全不同：显意识视野所及，好比人站在地球平面，以"我"为圆心，眼前一草一木、一人一事、一房一车、一声一响、一红一绿，如过眼云烟，白驹过隙，应接不暇，稍纵即逝，片影不留；最高，上抵云层，最低，脚前三寸；最远，几公里半径，最近，几毫米表层；最忆，嗷嗷待哺时期，最记，耳畔刚刚响起。而"悟"中潜意识所见，则"上穷碧落下黄泉"、"三皇五帝到如今"、悠悠万事、冥冥万代、浩淼天宇、原子世界、人心玄妙……周文王《易》、孔圣人之"经"心悟而出，佛家之"禅"、道家之"道"心悟而来；李白之诗、苏轼之词心悟而出，孙武兵法、尼采哲学心悟而来；牛顿力学、达氏进化心悟而出，徐氏奔马、肖邦舞曲心悟而来；莱特飞机、福特汽车心悟而出，马恩哲学、毛氏思想心悟而来；因为有心，世界多了几分斑斓光彩，因为有"悟"，历史多了几分波澜壮阔；心悟，使肉体焕发生机，心悟，使平凡成就伟大；人类因为有了"悟"，即从动物之躯分化出来，世界因为有了"悟"，飞船"上九天揽月"、潜艇"下五洋捉鳖"、黄河天桥飞架、长江高峡平湖、生物遗传改变、疾病基因剔除！

"悟力"，是人类特有的心灵之力。**自小培养"悟力"，承继上天造化之功，是一个学生从"进校时代"到"出校时代"整个人生一辈子成功的法宝！**一个人如若一生无"悟"，则一生懵懵懂懂、凄凄惨惨切切！一个人如若半生无"悟"，后知后觉，一觉醒来，原来黄土已埋半截身！一个人如若早觉早悟，则一生明明白白，命运操之在我，前程操之在我，幸福操之在我！酣畅淋漓，"胜似闲庭信步"，天高云淡，任我翱翔自由王国！

什么叫心悟？心悟就是摒弃日常心理噪音的干扰、对无边无际的心灵本质的体验。不妨想一下天空，如果天上总有浮云，那么我们就无法看清它的本真面目，只有万里无云时，我们才能体验到浩瀚无际的湛蓝天空。如果心灵总被思想的浮云遮蔽，我们就不会感受到心灵本身，只能看到遮蔽心灵的云雾。

我们为什么要体验心灵本身？答案是心灵代表我们的本性。**我们的本性本质上宁静而清澈**，全然没有焦虑、希冀、愿望和恐惧的遮蔽，而通常这些感受却是我们关注的焦点，体验无遮无掩的心灵就是

六、领袖是体，品格是魂

感受充满活力的存在，同时也是体验内心深处的宁静。为了理解这一点，我们不妨把心灵想象成一泓清水，多年来我们忙忙碌碌，把心灵噪音的泥土搅入水中，只有停止搅拌，泥沙才能沉积，池水才能清澈。唯有水清如镜，才能看清池底，发现一个灵动、神奇的全新世界。当**心灵在心悟中沉寂、平静后，我们才能深刻地理解自我，看清自我和世界的本真面目。**

我们千万不要把心悟看作一种外在技巧，学习它就象学习外语一样费时费力。**就本质而言，心悟是对本来就存于我们心中的某种能力的再发现**，就象打开一本曾经读过但搁置已久的书。心悟也不意味着我们归返童年心态。心悟既不要求我们放弃人生经验，也不要求我们怀疑思维的力量，更不要求我们改变性情变成索然无趣的人。心悟的时间一过，就又回归到日常的学习和生活，心悟只会使思想更清晰、更有力，增强人们应付挑战和挫折的能力——在生活中我们总是不断地碰到挑战和挫折。

心悟练习——观音

①找到一个安静的地方，打坐，闭上眼睛，深呼吸，放松，入静。

②选择一种声音，如风吹草木声、雨打荷叶声、鸟叫声、虫鸣声、流水声、泉水叮咚声、……

③假如现在选定的是风吹草木声，请凝神关注它。把所有的杂念像剪枯枝一样的用剪刀剪断，只留下风吹草木声。听不见心跳，听不见呼吸，看不见形色，感不到温凉，只听见风声。

④风声—风声—风声—。也许你在联想，风从东边来还是西边来？吹在松树上还是柏树上？风是什么颜色？现在你什么也不要想。不想东也不想西，不想松不想柏，也不想色，只听风声。平心静气，

静气平心，只听风声。

⑤现在，连风也不"想"了，没有风，只有声——。

⑥丝丝地，一丝感觉飘了进来，不要理它，只听声——。

⑦声——在飘——声——穿透万物——声——充满苍穹——声——。

⑧声——……没有声了……什么也没有了……

⑨万籁俱空……俱空……空……。

⑩不知过了多久，一丝麻麻的胀胀的感觉飘了进来，意念回来了。缓缓地，睁开眼睛，体会，你用自己的心"听"见了什么？

心悟练习——观"我"

①找到一个僻静的地方，打坐，闭上眼睛，深呼吸，放松，入静。

②凝神呼吸，吸气——想象一道天光从天直下，穿过百会，通达四肢百窍，呼气——杂质从指尖流出。

③让所有感觉直通内心，感觉自己的身体、心灵和世界。

④我是谁？我是我吗？

⑤我有身体吗？我是身体吗？

⑥我有思想吗？我是思想吗？

⑦我有心灵吗？我是心灵吗？

⑧我有人格吗？我是人格吗？

悟出宇宙大道、人生之理，当可颂可歌，悟出自己的使命、理想和目标，也可喜可贺！如能在人生之初悟出自己的强项和弱项，并能悟出如何保持和发挥强项、避开弱项的干扰，同时将"悟性"敏感地在人生的中期和后期继续修炼发扬，那么，成为一个大智大慧之人的内在条件你已悄然成熟。

人生早期的学生生活是日后职业生涯的前奏，学习与工作在原理上是相通的。**如若你悟出了属于自己特有的智能类型，又悟出了适合自己智能类型的特有学习方法，那么，将来在工作岗位上，你必定也能沿用相同的心理规律，悟出自己最佳的工作方法来。**

下面请你完成一个练习，根据你对宇宙、人生的理解，悟出你自己的使命、理想、目标和各门功课不同的学习方法：

我的使命_____

我的理想_____

我的目标_____

13、念力——你试过祈祷吗？

念力是身、口、意三种力量汇集在一起的合力。

念力是一种心灵的力量，它具有明确的目的性、指向性、有确定的对象和预期的结果。精神病医生、宗教大师、政治领袖、企业巨人、大成功人物，他们都有很强的念力。就连我们平常挂在嘴边的成语"心想事成"、"万事如意"，也含有念力的意味。

从心理学的角度分析，**念力是显意识调动潜意识的力**，是个体在某种欲望的驱动下，透过特殊的心理状态、仪式或环境，以语言和想象的手段，使愿望达成。比如"祈祷"，其实就是在特定的仪式下，运用念力，在神佛面前祈福免灾、解脱烦恼苦难、乞求宽恕的方法。在许多时候，它还能起到使用别的方法起不到的作用，如心灵放松、压力解除、疾病痊愈等功效。

念力发挥作用的条件：

①入静状态：环境安静无噪音，心静无杂念，身静无饥无胀无病痛。如若环境或身不静，则由心使其静。佛教中祈祷之前先要做洗手、焚香的仪式原本就是创造静的心理环境。

②有预期结果：心中盼望的东西，可以是物，也可以是状态、特征、景像、精神、感觉等等。

③有语言表达：用肯定的、正面的、简洁的语言来表达预期所要的结果。

念力的过程：

①入静：排除杂念干扰——万念归一念。

②开放：打开心灵之门，使潜意识浮出水面与显意识沟通。

③意念：口中念念有词，词中念念有心，心中念念有力，——以一念代万念。注意：只念结果，不念过程。

④期盼：当念词的时候心中盼望结果出现，未念词的时候也在心中盼望结果出现。

增强念力的"六字真言"修持法：

口中喃喃念诵：

嗡——嘛——呢——叭——咪——吽——

——ong——ma——ni——bei——mei——hong——

六字大明咒，使声波振动与颅腔、口腔、胸腔共鸣，据说可以起到入静、悟道、增强念力、提升生命能量的作用。藏传佛教将这六字视为一切根源，循环往复念诵，即能消灾积德、功德圆满、心想事成。

增强念力的"四句真言"学习法：

①我是一个很棒的学习者！

②我正在进入最佳学习状态！

③我会学得很轻松，理解很深刻！

④我要学的功课很有趣，很有用，很振奋人心！

14、亲力——得民心者得天下

"亲力"是"亲和力"的简称。理化学科里,亲和力表示"两种以上的物质结合成化合物时互相作用的力";心理学科里,亲和力表示"在人与人相处时所表现的亲近行为的动力水平和能力"。"相似相溶"和"物以类聚,人以群分"概括的都是亲和力。

亲和力是人与宇宙、大自然、众生、同事、部下、上司、亲友和民众之间的一种心灵粘合力。如佛教领袖释迦牟尼、基督教领袖耶稣、伊斯兰教领袖默罕默德、政治领袖列宁和毛泽东,他们身上都有很强的亲和力。

早年中国共产党在民主革命时期,特意将所有参加革命的人士,不论上级下级、男女长幼,在称呼上一律改为"同志",这样一个小小的动作,就使整个革命党内亲和力大增,士气高涨;而国民党内部,仍旧称呼上级曰"长官",无形中在人与人之间拉大了距离,隔断了人心。——历史的经验在今天仍值得我们借鉴。

日本"私教育总合研究所"所长山本光明先生,自办了一个名叫"耐斯康式"的学生补习班,在补习班个别辅导学生的时候,他要求教员在学生身边蹲下身来,和学生坐着时的高度平齐,并且以学生的姿态、心态和表情与学生谈话,——我明白他这样做的良苦用心,是在与学生间培养亲和力,以实现最短距离的心灵沟通,轻松达到良好的学习效果。

亲和力与人的个性特征、亲和动机、情感状态、民主思想、志向水平和胸襟大小相关。一个具有亲和力的教师,脸上总是挂着亲切的笑容，不摆师道尊严的臭架子，主动亲近学生，关心学生，和学生交朋友，从心底里热爱学生，他能尊重学生，包容学生的小缺点，能够尽力控制自己的破坏性情绪，理解学生的兴趣爱好，允许学生发展自己的特长，因而能够赢得学生们广泛的尊敬和信任，获得学生的宽容和理解。即使他可能在教学的某个方面有所欠缺，但学生们却能热情地学习，主动地思考，由此而获得最佳的教学效果。反之，如果一个教师自视甚高，不顾学生的感受，我行我素，唯我独尊，就容易引起学生的逆反心理，即使他学问再高，课讲得再好，却不一定能实现教学的目标。

在具有亲和力教师的感染下，学生们也将潜移默化地培养了这种于将来人生很有助益的行为品性。如若运气不佳，碰不到这样的好老师，也没关系，只要你是一个有志向的人，你可以做个有心人，完全有机会在周围的生活中发现有亲和力的人，留心观察他的一言一行以及背后隐藏着的行为动机，再看这样做的实际效果。你也可以从你所景仰的领袖人物传记中学习，自觉培养亲和力。

当宗教领袖和政治领袖需要亲和力，将来当教师、企业家、医生、护士、导演、军事指挥员……样样都需要亲和力！

须知今日社会，是大众社会、合作式社会，没有一件事情是一个人凭单打独斗能够完成的，必须与他人建立关系、相互理解、相互信任、相互接纳、分工合作来完成。

如若你的志向在创立党派、民主团体、学会、公司、学校、医院等，你需要培养亲和力；如若你的志向不在创立新团体，而是在原有的基础上登上更高台阶，成为众望所归的中心人物，你也需要培养亲和力。因为亲和力，使你的意愿更易被大众所认同；**因为亲和力，使你的号召更能鼓动人心**；因为亲和力，使得你走向哪里，人们将追随到哪里，**与你团结一心，同舟共济！**

如何培养亲和力？我们只需在与亲和力具有实质性关系的几个关键点上去把握：

● 志向：远大的志向，是产生亲和力的最初原因和注解，它使亲和力行为获得了持久的理由和意义。

● 相位：就是改变自己的情貌，使自己的主要方面努力与团体中的人们取得一致，使人们在感觉上你与他们处于平等位置；民主平等思想从你的内心映射到你的脸上，人们从你的脸上读出了它的含义，产生同气相求的心理效果。

● 动机：动机反映了你的亲和力水平，它能激励你自己，同时也激励他人，产生团体力量倍增相乘的效果。

● 情感：恨的情感使心变钢铁，爱的情感柔能克刚，可以化解一切隔阂、矛盾、敌对和紧张情绪。情感是实现亲和力的最佳手段。

15、磁力——为何领袖能一呼百应

在自然界，磁力能使某些物体获得磁性，产生相互吸引或排斥的现象。

强的磁力能使别的物体被磁化或发生性状改变，弱的磁力将被比它强的磁力所磁化或发生性状改变。

现在我们将其借用来比喻某些社会现象、人与人之间的相互关系、倾向、态度和行为方式中的某些基本规律。

我们有时发现，一个原本很普通的凡人，自从与某人发生交往后，忽然性情大变，前后判若两人：无精打采变得神采奕奕；双目呆滞变得炯炯有神；说话有气无力变得声如铜钟；自卑变得自信；……。转眼间成为一个将会大有建树的人！这一切变化说明了什么？原来是一个人被另一个人"磁化"了！

　　铁磁性物质被磁化之后，许多同样的物质就聚集在大磁铁周围，变成一个数量更多、力量更强大的同一体。人被人"磁化"之后，许多同样的人就聚集在"大人"的周围，变成一个人数众多、意志力和向心力更强大的利益共同体。

　　释迦牟尼是一个"大磁铁"，刘邦是一个"大磁铁"，华盛顿是一个"大磁铁"，列宁、毛泽东也是一个"大磁铁"！他们用自己的学说、主义、理想、口号和人格魅力，将人民大众"磁化"之后，凝聚成一股巨大的社会力量，从而改变了历史的进程和社会的面貌！

　　一个团体是走向兴盛还是走向瓦解，与这个团体的中心人物关系巨大。他是有"磁性"还是没"磁性"，他的"磁性"加强还是减弱，将直接关系到团体的命运，关系到团体中每一个人的命运。毛泽东不断增强的"磁性"，使得他能够凝聚全国四万万同胞同仇敌忾，打败日寇和国民党，建立了新中国！

　　刘关张"桃园三结义"，是因为关、张被强刘所"磁化"，诸葛亮独居隆中小屋是等待被强刘"磁化"；刘邦的队伍因为刘邦不断加强的"磁性"而人气渐旺，项羽的队伍因为项羽不断减弱的"磁性"而人气渐衰；同是官居一人之下万人之上的高位，刘邦队伍里的萧何是何等的潇洒，而项羽队伍里的范增是何等的哀伤！

　　如若你已具备强大的"磁性"，那么请你立志做一个刘备或刘邦！如若你的"磁性"不是那么强，那就请你做萧何和诸葛亮吧！学会选择一个给自己带来好运的"磁铁"，或立志做一个有吸引力的"磁铁"，都能成就大业！

　　磁铁之所以有磁性，在于内部结构中每一个分子的"磁畴"方向趋于一致，磁性相互加强；而一个物体之所以没有磁性，也是在于内部结构中每一个分子的"磁畴"方向紊乱，磁性相互抵消。

培养自己成为一个有吸引力的"磁铁"，关键在于如何使身、口、意三者的力量方向、使体内的每一个细胞、嘴里讲出来的每一句话、心中的每一个意念，其方向是趋于一致的！——由内在的和谐，才能实现外在的强大！——这是天下有志者的第一梦想！另外，人格魅力也是一块强力"磁铁"，是成为成功领导人的重要条件，它作用于人的情感、人的审美情趣、人的高级心理需求，使得凝聚在"磁铁"周围的人们心情舒畅、心甘情愿、心潮澎湃地追随你、紧跟你，哪怕赴汤蹈火也在所不惜！

培养自己成为能被强磁所"磁化"的"磁铁"，也是一条成功之路。关键在于如何感应外在的"磁性"力量，使自己体内的分子"磁畴"与外在的时代大方向一致。我们的社会仅需要数量极少的强"磁铁"，但需要数量众多、能被磁化的"铁磁性物质"颗粒！他们都是成功者！

而所有的失败者，他们有一个共同特点，那就是：内部结构分子的"磁畴"方向各不相同，力量相互抵消，第二，拒绝被外界强磁所磁化（即非磁性物质）！

学生时代，先培养自己成为"铁磁性物质"，不断训练自己感召时代的敏感度，调整自己的分子"磁畴"，使与社会大方向一致，从而积蓄自己的"磁性"力量！

下面是作者本人制作的自励小卡片，献与有志者一起分享：

> 我是成功磁
>
> 我的磁力广大无边
>
> 我吸引成功
>
> 我吸引财富
>
> 我吸引健康
>
> 我吸引幸福
>
> 我吸引一切美好的事物

16、控力——从飞船上天可以学到什么

　　控力是控制力的简称，表示对某物或某人的心理、行为、状态等进行主动的干预，使其按照自己的意图发生改变的力。按照力的方向，可分为自控力、他控力和控他力。

　　自控力是具有高度自主意识的行为，人类社会能自我约束、和平共处，仰赖于人类的自控力。

　　就人类个体而言，自控力来源于人体内在的自我警戒意识和对危险信号的预测能力，这是我们从人类祖先那里继承下来的一种能力。从自我警戒意识继续发展出内省能力，从对危险的预测能力中又发展出了自律能力。自律和理智、意志一起，构成了人类高度发达的自我保护屏障，而成为统治万物的主人。

　　人对于性本能、好斗本能的克制，出于自控力；人对于贪婪、诱惑、暴虐、犯罪意识的抵抗，出于自控力。因为理智警告他，任由本能和贪婪泛滥，最终将毁灭自己！而人体内这些多余的能量累积到一定程

度之后，如果没有一个合适的渠道释放出来，势必会象炸弹和泛滥的洪水一样毁灭自己或他人，于是人类发明了体育、艺术、舞蹈、竞技等等，使之得以正常地宣泄、升华或转移。每当我观看奥运比赛时，我便不由自主地钦佩起奥运会创始人的伟大。

人的自控力水平从低级到高级可分为五个层次：

（1）原始冲动型——这是一种与动物区别不大的本能性冲动，属于最低水平。只要能满足自己的个人需要，情绪和行动便会像脱缰的野马一样放任，毫无约束。

（2）顾忌冲动型——遇到外界强大压力时，稍微能约束一下自己，处在想放任又不敢放任的状态。

（3）被动控制型——尚未达到自觉约束的程度，较多来自外界的压力，但已具有一定自我克制的能力。

（4）自主控制型——能够完全自我控制，心理发展较成熟，意志力较强。在头脑中有一个衡量自己做得对不对的准绳，能批判地对待自己的欲望，不会为诱惑所动。能做情感的主人，行动的主人。"小不忍，则乱大谋！"是人们常用的一句自律性警语。

（5）从心所欲型——这是自我控制的最高层次。一举一动不仅符合理智，而且出于自然，无需对自己的行为加以有意控制的完美人格，是人类觉悟最高的理想境界。

了解这些，可以衡量自己的自我控制水平属于哪一层次，然后根据实际情况，努力向更高层次发展。有人为此曾写过这样一段话："全能的上帝啊，请赐给我智慧，让我懂得，什么是我有能力控制的，以使我做得更好，什么是我没有能力控制的，使我停止徒劳无益的行动；请再赐我智慧，让我分辨以上两件事情！"

与"自控"相反的是"他控"。如若人欠缺自控能力，他要么被自己低层次的本能所控，要么被外力所控——正因如此，一些心怀叵测的人便趁虚而入，控制人们的身心，扰乱社会秩序。

一个自控能力发展完善的人，能够做到"控他"而非"他控"。大凡成就卓著的组织领导者，都是控他型的人物。他懂得如何培养对民众的亲和力和吸引力（磁力），懂得如何让自己的主张、理论和学说为民众所认同，懂得如何驱动民众的利益动机，树立威信，取得权力，继而利用自己的权力影响力和非权力影响力，命令、导引和暗示民众，使民众按照自己的预定意图行动，从而实现他的最终目标。

最高层次的控他力，是"无控"，是被控者没有感知到被控，认为自己的行为完全出于自觉自愿和自发！老子在《道德经》中写道："是以圣人居无为之事，行不言之教"，所谓"无为"是不着痕迹的"为"，"不言"是不着痕迹的"言"，是在"言"和"为"之后，将其"言"和"为"转化为被控者自己的"言"和"为"，转化为他们自觉遵守的行为准则和道德规范。此时，控他者外在施加的力完全内化为被控者内在的行为动机，控他者的精神、思想和意念已经深深浸润到被控者的灵魂和每一个细胞中。

成功的学生，懂得如何自控，懂得如何不被他控；他深知学习的目的，了解学习过程中最大的干扰来自人的内心世界；他能够以心灵的剪刀剪除内在的杂念，以心灵的双手与外界搭起一道远离干扰的屏障；他能够分清什么因素对学习有利，什么因素对学习不利，坚决抵制导致分心的各种诱因，自觉培养自控力。

为了培养自控力，毛泽东少年时曾有意到长沙街道上读书，练习闹中取静，为他日后在戎马倥偬的战场思考军事战略练就了心力。这里引录古代的一则故事，出自《世说新语——德行篇》，供你欣赏：

管宁、华歆共园中锄菜，见地有片金，管挥锄与瓦石不异，华捉而掷去之。又尝同席读书，有乘轩冕过门者，宁读如故，歆废书出看。宁割席分坐，曰："子非吾友也！"

六、领袖是体，品格是魂　　171

自控力测评

当面对诱惑时,最有力的支撑来自于你自己,内心坚定的自控力是抵御引诱的有力武器,它使人从无能为力的受迷惑状态解脱出来,恢复控制自我的能力,重新做自己的主宰。下面的问卷,可以测试你抵制诱惑的能力。

①我常常在心里下决心说:"这是最后一次了"。

  是 □　　否 □

②事情过后,我常常后悔不该那样。

  是 □　　否 □

③我时常还没等到月底就花完了父母给我的零花钱。

  是 □　　否 □

④本来我心里有自己的主张,可一经别人劝说,我总是顺从了人家。

  是 □　　否 □

⑤我常常制订目标,可是不知怎么的过不多久我又把它搞忘了。

  是 □　　否 □

⑥我时常被困在两种相互矛盾的想法中解脱不出来。

  是 □　　否 □

⑦我喜欢沉溺于幻想,尽管我知道那些事远离现实,我还是乐此不疲。

  是 □　　否 □

⑧我常常很晚不想睡觉,早上又不愿起床。

  是 □　　否 □

⑨我有时对作出的承诺连自己都心存怀疑。

是 □ 否 □

⑩我每次到超市购物回来,总发现买了一大堆计划外的物品。

是 □ 否 □

结果判定:回答5个"是"或以上,自控力差;回答2-4个"是",自控力良好;回答0-1个"是",自控力优。

17、预力——乾坤转几圈,未来早知晓

"凡事预则立,不预则废。"这是出自《礼记·中庸》里的一段话,意即:**不论做什么事,事先做好周全的准备,就能取得成功,不然就容易失败。**毛泽东在《论持久战》里也讲过同样的话:"没有事先的计划和准备,就不能获得战争的胜利。"

"预"表示"预先"、"事先"的意思,就是当事物还没有发生、事情还没正式做之前的时候,人们在头脑中就应开始计划、筹谋。三国最著名的赤壁之战,是对这句话最有说服力的注解。历史上的皇位争夺战,事先都有很长时间的"预"的动作。

国家,治与乱交替;政治,友与敌交恶;历史,兴与废相续;命运,福与祸相倚;原子,正电与负电同生同灭。当我们了解了世上任何事物都是矛盾的对立与统一,就可以**就当前的局势进行分析,预测下一步的可能走向,指导我们在新潮流到来之前,作好思想上、知识与技能上的前期准备。**比如,大家意识到地球上的煤炭、石油等不可再生资源终有一天枯竭,到那个时候,人类要继续生存,就必须采用新能源,那么我们在现时,就应提前研究新能源替代方案,这项工作越提前,对国家民族的未来就越有利,从事这项工作的人,当新时代到来

的时候，他自然就成为了行业的领袖！

改革开放初期，中国人民的温饱问题是一个大问题，当时的国策是调动全民的劳动积极性，加紧进行物质生活资料的生产，大学里最热门专业是机械电子建筑化工等，心理学、教育学、金融学属于冷门学科，报考的人很少，毕业了也不吃香。可是，二十年之后，中国发生了翻天覆地的变化，人民的物质生活水平得到了空前的繁荣，社会精神文明建设和大众精神健康问题凸显起来，如果当初冷门毕业生能耐得住寂寞，能透过现实看到未来，没有改行，现在刚好是他们唱主角的时候，成为了时代的弄潮儿！

当人们热衷于汽车消费的时候，如果你具有超前意识，透过当前，预测到一二十年之后，低空飞行时代将会到来，私人飞机、商务飞机成为时代新宠，你不象周围其他人一样一头钻进汽车里去，而是研究空气动力等学问，那么，可以预测，你必将成为新时代的领头雁！

七、掌控命运，自成大器

所谓命运，是人的精神运用现世这一生，来拔高生命的高度！命运起源于个体的自我修炼。所有的自我修炼，将改变自己与外界的相互关系，改变的本质是能量的变化。

1、命运的真相

当人越长越大,"命运"这个词在心中冒出的次数就越来越多。命运这个东西,人人都有酸甜苦辣的感觉,人人都想搞清它的真相,可是人人都觉得很玄,不象数理化那样一是一,二是二。

首先因为命运不是实物,实物有大小、体积、重量、温度、颜色和形状,可以用人的感官和仪器测量出来;它也不是电磁场、引力场之类的非粒子形态的物质,可以透过间接的测量手段来推导它的存在;它更不是思想、精神等理念性的东西,可以自我感知、内省、分析出来。玄就玄在它什么也不是,可就是在你的脑子里转来转去,象个幽灵一般。

但既然自有文字以来,人类跟命运打了几千年交道,而且现在也没有人能够摆脱它的影响,我们就不得不去关注它、研究它!

儒释道三家有他们各自的看法,基督、天主、伊斯兰三教也有他们各自的定义,没有信教的平民百姓们也各有自己的经验体会,但哪种理论对我们的人生、对学习生活具有积极的帮助呢?

在汉语的文法里面,"命运"是个合成词,一是"命",二是"运",两者不是同一个东西。"命"是个名词,"运"是个动词。照我的理解,"命"、"运"两个字的前后排列顺序大有学问,如果把"命"字排在前面,就是"命运",强调的是"命",即用"命"来规定"运",人生顺着命的轨道行走,——这体现了宿命论者的观点;如把"运"字排在前面,就是"运命",强调的是"运",即用"运"来驱动"命",实现对命的改造,人生按照自己的意愿走,——体现了自由论者的观点;第三种是既不重"命"又不重"运",晕晕乎乎,不知不觉过完此生了事。你用怎样的观点看"命运",你的人生轨迹就怎样画,大概八九不离十。所以,本章我打算以一种客观的眼光和积极的心态来探讨"命运",希望能对你我有所启发。

2、命运曲线

命运是在时间的坐标轴上运行的一条人生轨迹,代代相续相连,没有开始,也没有结束,每一个"现在"都是它的坐标原点。

"命运"既是一个时间的动态概念,又是一个量的动态概念。

从量的视角看命运,命运便是能量总和。我们把它形象地比喻成一条大河,那么,每一个人的人生都有一条命的主流,也有若干条运的支流,支流的水最终汇集到主流,成为主流的一个有机整体。有的人,支流洋洋溢溢,为主流作出了积极的贡献,使总流量显著增加;而有的人,支流干涸无水,甚至河床泄漏,主流的水倒过来灌溉支流,使总流量减少。总之,同是命运之河,有人的命运如长江黄河,浩浩荡荡一泻千里,奔流到海作波涛;有人的命运如小溪弯弯,不声不响拐进了小池塘;也有人的命运如新疆的塔里木河,流着流着,中途不见了水的踪影。

每一条河都是一个生命,每一条河有每一条河的命运,大海是它们的最终归宿,大海也是每一条河流的最初来源。每一个人都是一个生命,每一个人有每一个人的命运,许许多多的人组成一个人类大集体,有如黄河长江,地球是人类的最终归宿,地球也是人类的最初来源。

3、人的命运公式

公式一：
命运 = 命 + 运
     = ∑势能 + ∑动能

公式二：
∑动能 = 势能

解释：

（1）"命运"是"命"和"运"的合力。

（2）"命"是一种势能，表示一个人从生命开始一直到现在所累积的总能量，这个能量，可以用"层级"或"高度"来表示；"命"的层级越高，表示势能越大，对生命的驱动力越强。"命"是内因外因共同作用的结果。

（3）"运"是一种动能，表示一个人从出生到死亡这一段生命其自组织能量所做的功。"运"仅限于自身所为，所以，"运"是由现在正活着的自己来创造的。

（4）人在死亡这一时刻，他将把他在现世所累积的动能，转化为势能，而汇集到生命的总能量之中。

（5）人的"命运"，似乎是由"命"决定的,但也很大部分是由"运"来决定的。

（6）从一般的立场来看,人可以有限度地自己把握自己的"命运"；而从整个生命轴线来看，人的"命运"则几乎完全是"自己"一手造成的！

（7）人有责任也有能力对他的"运"和"命"负责。

(8)"命运"是一种能量，可以增加也可以减少。从公式二可知，正方向的"动能"增加生命的总能量，负方向的"动能"减少生命的总能量。

(9) 从以上 1-8 的论述可知，"命"和"运"彼此不是独立运行的，而是相互作用的。**一个起点较高的"命"，如果再配合运作较好的"运"，那么他的"命运"就是前进的**；如果起点较高的"命"，配合一个运作很差的"运"，那么他的"命运"就是倒退的；再假如一个人本来"命"的起点高度就很低，而如果他不但不努力，还变本加厉"吃老本"，那么，他的运会很恶劣，命将会变得更差。

(10) 所以，"命运"的本质是因果关系：**前事是后事之因，后事是前事之果**。

(11) 综上所述，命不是上天赐的，也不是神授的，而是靠自己用心修养得来的。命和运一样，完全掌握在"我自己"的手里！只是这个"我"不是单指现在自己意识到的这个"我"，而是表示在时间的轴线上连续运行着的"真我"。

(12) 为了便于说明问题，请你仔细地分析以下算式的内在逻辑（*表中的数字均为假定数字，不影响对问题的理解）：

年代	命	运	命运	生命表现		
...	...	...	...	...		
T_{n+8}	112	+7	119	↑		
T_{n+7}	107	+5	112	↑		
T_{n+6}	102	+5	107	↑		
T_{n+5}	100	+2	102	↑		
T_{n+4}	102	−2	100			↓
T_{n+3}	105	−3	102			↓
T_{n+2}	102	+3	105	↑		
T_{n+1}	100	+2	102	↑		
T_n	*100	0	100			

4、命运的起源和等级

命运起源于个体的修炼。 所有的自我修炼，将改变自己与外界的相互关系，改变的本质是能量的变化。

由于运的关系，人进化或倒退的速度和高度不一样，因此就造成了人的命运的起伏变化。此人与彼人在同一个时间段上，也由于能量累积的速度和高度不同，因此就造成了人与人之间在命运等级上的差异。参见下图。

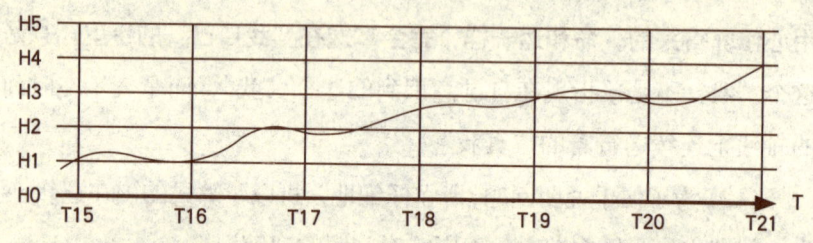

个体命运曲线示意图

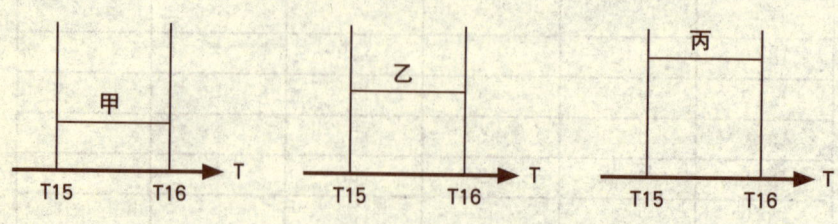

甲、乙、丙命运等级示意图

从上二图可看出，生命连续不断，人的任何主观上的努力和客观上的行动，无论是否显现出现实的结果，都没有白费，都对生命的成长作出了贡献。其次，人和人不同，同等的努力，在不同的人身上，将显现不等的结果，其根本原因在于各人命运（主要是"命"）的起点高度不同所致，但努力之功尚在，都将以同样的数量大小归并到各人的命运总能量库之中。

5、幸与不幸的真相

"人有悲欢离合，月有阴晴圆缺，此事古难全。"一曲《水调歌头》，道尽天下无数人的辛酸与热泪。幸与不幸的事情每天都在发生，每天都勾起人生的许多感慨。

有的人善良无比，勤奋无比，可一生到头过着缺衣少穿、朝不保夕、甚至破屋遭连雨的苦日子；而有的人一生下来就泡在了蜜罐里，衣来伸手饭来张口、拉屎拉尿保姆侍候。

有的人老老实实、勤勤恳恳、认认真真干事，领到的薪水紧巴巴仅够养活自身一人；而有的人整天摇摇晃晃、四体不勤五谷不分、脑满肠肥，却偏偏有人隔三差五给他送钱上门。

有的人只是偷窃了人家一块钱，就终生被人当贼看，一辈子见不了人世间灿烂阳光；而有的人大明大白偷窃了一个国家，却被世人捧为英雄，每天光环闪闪。

人们都说"好人有好报"，可是有人做了一辈子好事，从没干过坏事，可仍然穷困潦倒，三餐不济。

当然也有很多人种瓜得瓜种豆得豆，出一分力得一份收获，……。

命运这东西真是扑朔迷离，令人百思不得其解。诸如此类的迷惑总使当事人想到命途坎坷，苍天不公。

其实，透过现象看本质，表面上的扑索迷离，有它背后深刻的内在原因。——这个道理在前面的章节已经讲过。它告诉我们看问题不能以静止的、割裂的眼光用平视的角度，而应站在事情的高处，以俯视的、历史的、联系的、辩证的眼光看问题。有时，单看某一件事本身确实因与果之间缺乏对应关系，可是我们一旦把时间轴向前向后拉长，就知必有因由。

我们之所以有幸运与不幸运的感慨，问题在于我们将"现在"这个时间段从整个时间轴上割裂开来，然后进行人与人之间的横向比较——这样比较的结果确与你所看到的情形相符。从 T15～T16 同一个时间段来看，假定甲、乙、丙三人在同样的岗位、做同样的工作，工作态度是一样的努力、认真、负责，贡献也相同，现在请看下图：

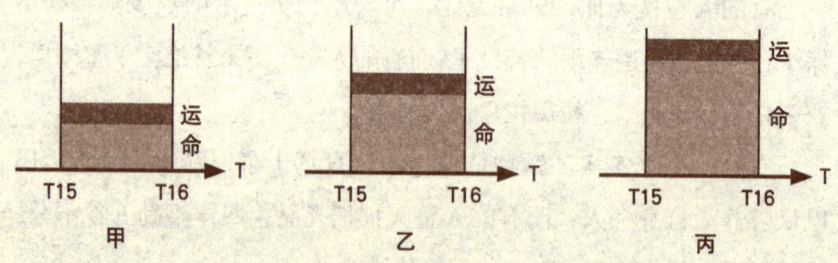

示意图：运相同，命不同，命运就不同

三个人同样的贡献，结果却不相同，究其深层原因，在于他们相互间"命"的高度不同所致！

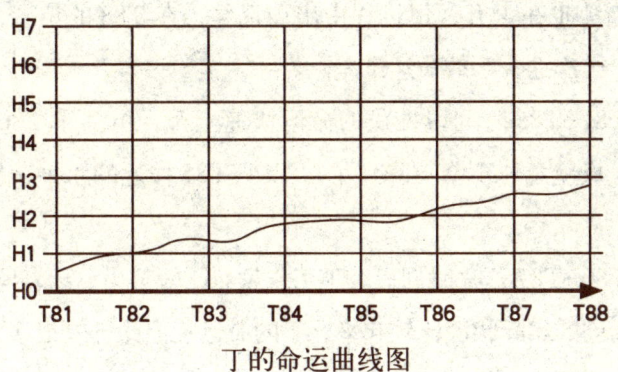

丁的命运曲线图

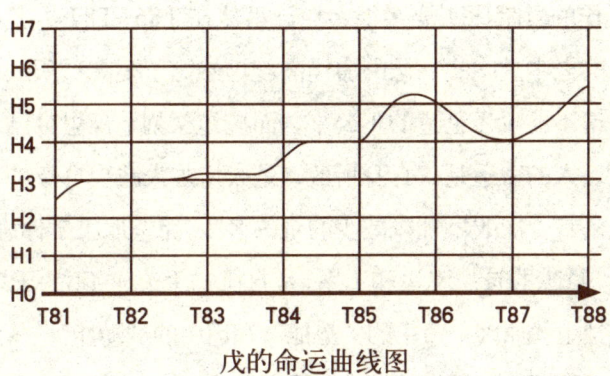

戊的命运曲线图

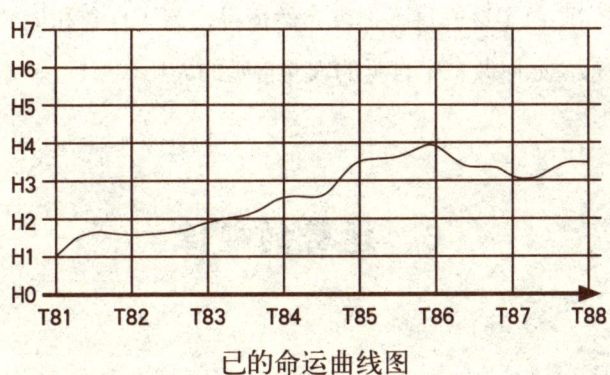

已的命运曲线图

下面我们来比较丁、戊、已的命运曲线图。虽然他们三人同处T81－T88相同的时间段，丁的命运始终在上升，但速度很慢，戊和己总的趋势也在上升,但过程中出现反复,在T88的位置,戊的命运最好,己次之,丁的命运最差。

在T81—T86时间段,戊的命运快速上升,但到了T86—T87时间段时,戊就急速下降,降到了与T84—T85接近的水平,呈现倒退的趋势。

在T86—T87这一时间段,丁工作虽然比较努力,己表现很差劲,但是丁和己的实际状况比较起来,丁的命运反而比己差很多,在丁看来,这个世界太不公平了!丁没有想到在T84—T86这个时间段,己对生命所作的贡献比丁要多很多!己虽然在T86—T87吃老本,但并没将自己的老本全吃完,己的命运高度仍然比丁要高!所以,命运不好的丁,请不要责怪世道的不公平,而应该深刻地反思自己才对!

所以,人的命运是人自身所致,是人增加或减少自身"真我"的能量所致。每一次的增加或减少的量的多少,完全取决于你思想的量、行动的量、贡献的量。幸运和不幸,是自己一手造成,不怨天,不怨地,就从自己身上找原因!命中的"势能"和运中的"动能",从两个途径启示我们,**所谓命运,是人的精神运用现世这一生,来拔高生命的高度!**

若是你明白了这一层,你就自然懂得,为了自身和他人的幸福、成功、快乐,如何做一个自觉的人、自励的人!

6、运势的规律

用现实事物作比喻,人的命运犹如长江:沱沱河发源之地,长江象一条温柔的哈达,缠绕着雪山少女俊美的颈项;当长江走到横断山段,猛地变成了一头雄狮,"金沙水拍云崖暖";然后习性不改,"乱石穿空，惊涛拍岸，卷起千堆雪"；可当它来到了洞庭湖段，长江又变成了潇湘夫人，波光涟漪，温顺有加；一旦从黄浦江口驰入东海，加入浩瀚碧蓝的队伍，长江又恢复了它英雄气慨！

　　人的运势如长江之水，性情多变，但变中尚有规律可循。万里长江在它万里长征途中，碰上了无数的"机缘"支河，扩大了它的阵容；飞越了无数的高峡平湖，壮大了它的"势能"；在与巨石、险滩的冲激之下，它一路气宇轩昂，高歌猛进，不用扬鞭自奋蹄，显示出内在自发"动能"之势不可挡！

　　长江可以改道，命运可以修饰：人通过培养认知能力、思想能力、行动能力、品格和习惯，来增强命运的"动能"；通过培养洞察时势、把握潮流、借势用力的能力，来增强命运的"势能"；通过改变环境、创造人脉、行善积德、与好运者合作，来增加命运的"机缘"！

　　运势是波动起伏的，在不同世代之间的波动起伏，根源于"势能"；在一生之中的波动起伏，则根源于"动能"。"势能"对运势的改变是根本性的改变，"动能"对运势的改变是局部的小范围改变。

　　人在每一个有限的人生中所作的，应是充分发动你的"动能"，使之为命运作更多的有用之功，通过一世一世的"小"的积累，聚沙成塔，使"小"的量变演变成根本性的质变——这是掌握命运的重大转折点。

7、通过学习来改善命运

　　学习的好处很多——

　　最原始的好处，学习是培养谋生的能力，解决衣食住行等生理需要。

其次，学习可以培养人的认知能力，能辨别是非真伪曲直，趋利避害，避免因无知带来意外的不幸发生。

进一步地，学习可以使人有思想、有原则、有谋略，主动地选择和控制事件发生的时机、性质和程度，使自己永远处于有利位置。

学习可以锻炼人的行动能力，使潜在的可能性转化为现实的可能性。

学习可以培养良好的品格、习惯，促使有利于自己的好运增加，使不利于自己的歹运减少。

学习可以炼就一双洞察时势的眼睛，使自己在每一次重大的社会历史事件到来之前，准确地判断它，不致弄错大是大非方向！

今日的学，是为了明日的用，前半辈子的学，是为了后半辈子的用。所以，学什么，怎么学，对人的命运影响甚大。关于这个问题，第四章已经作过探讨。现我们继续往前延伸一步。

学习，归根到底，是为提高生命能级、为"真我"吸收能量，那么，我们就要研究怎样的学吸收的能量最多、最长远、对命运的拔高最有意义。在今日信息交流高度发达、知识迅速膨胀、迅速老化的年代，大家拼命追赶知识潮流、日以继夜、手脑并用地学习，仍感觉力不从心，跟不上趟，学习演变成人类社会活动中最最辛劳的工作！问题到底出在哪儿呢？

我认为，大家学得如此辛苦，不是知识本身出了问题，症结在思想方法上！大家自己让自己钻进了知识的原始森林，围着一棵又一棵树打转，至于这树长在哪座山，学完之后从哪条路走出去，哪条路到达"灵山"更近，路更好走，则全然不知，只顾一个劲儿的埋头苦学。按照孔子"形而上者谓之道，形而下者谓之器"的分类法，这样的学习仅局限在"器"的水平，离"道"的境界相距甚远。"器"的水平之学，即使学有所成，也是书呆子一个，充其量做个某人家的"大器"，为他人所役用！"器"的水平之学，最容易被其它更好的"器"所取代，连做"大器"的时间也不会长久！毛泽东深知这一点，所以他勇于跳出学校当局设定的巢臼，做学习的主人，不做知识的奴隶！

学习的最高境界，在学"道"！在"道"的层次上研究宇宙、社会、人生、伦理，高屋建瓴地看世界！发源于西方的科学，大多在"器"的水平，不足以倾全身心去学！东方的哲学、东方的文化、东方的思维方法，是解决今日人类社会诸多弊病的良药。二十一世纪的文明，必定是一个崇尚"道"的文明！

从字面上理解，学习的"学"，表示探究、思考的意思，而探究、思考的对象和任务，不是别人事先规定的，而是自己主动自发决定的；学习中的"习"，表示实践、演练、验证的意思，即是将探究出来的规律和学问拿到生活中去实践、验证，看是否能有指导作用，是否比学习之前能有所前进、有所发现、有所发明、有所进步；如果有失败、错误，则对为什么失败、为什么错误进行探究、思考，从而发现事物真正的奥秘；这个探究、思考、实践、验证的过程是充满好奇、惊奇和乐趣的，是人类几千年从动物界遗传下来的一种本能。而我们今日的教育，是成年人把前人探究过的事物的全部奥秘都揭示出来了，明明白白地写进了课本里，连掩饰都不掩饰一下，就摊开来放在学生面前，完全剥夺了学生对未知事物探究的乐趣，就连发现前人失败和错误的机会都没有，——这样的教育太乏味了！——可是在成年人看来，唯有这样子的学习才能高效速成！却忘了探究的本能"用进废退"的法则！

目前，教育现状暂时很难一下子改变，一个学生能改变的，唯有自己！学习中探究的乐趣少了，我们就从"自己设计自己的知识结构"去弥补，也不失为一个办法。小时候能为自己作主，长大了就能

为国家作主!

作为一名教师,一名校长,比学生拥有更多的自主权,他可以在自己的影响力范围内,按照教育的本真面目去教育和教学,即使大面积推广有困难,也可以先从本班本校局部做起!

作为一名家长,关心孩子的成长,是他的义务,但关心孩子要关心到本质上!把孩子做为私有财产,做为满足虚荣心的资本,强迫孩子按照自己那既不成熟、又不科学、又不民主、又违反人性的主观意愿去学习,是自私、是虚伪、是愚昧!家长要求孩子成长,自身必须更快速成长!一个好的家长,也是一个善于学习的家长,家长通过学习,不但能改善自身命运,同时也能改善孩子的命运!

8、通过改变环境来改善命运

环境是人类赖以生存、发展的场所,人类改造环境,同时也被环境改造,环境对人的命运的影响,古人和今人都有所认识。

古人造房、都十分讲究环境布局,城市的景观设计也很重视环境设计问题。说明环境的选择在人们的内心已不单纯是美化和舒适,还有对与命运有关联的东西寄予的一份期望。

有人研究过人才的分布与地理位置的关系,发现二者有较大的相关性,有的地方极易出才子佳人,有的地方极易出实业家,有的地方极易出政治领袖,有的地方极易出黑道人物。山环水抱的地理环境,似乎是学者人才的发源之地,背山面水,是工商巨贾发迹的好地方——有人认为是地球磁场不同的分布对神经系统的影响所致。

高山耸立的地貌,地磁呈放射状,人居住其间不利;丘陵圆顶之山，地磁呈聚敛状，人居住其间有利；河道、江岸、水口屈曲回转的形貌对人体有利，直泻而下的河道对人体不利；抱有利，拱不利，活水有利死水不利，弯道有利，直冲不利，……更详细的环境影响的研究不在本书范围内。

在此提请同学们注意的是，**地理环境影响命运，人出生之地不可选，但成长之地可以自主选择**！

中国有三大著名的才子之乡：江苏宜兴、江西临川、湖北蕲春，其地理风水，一直以来，引起了国内国外天文学、地理学、地磁学、生物学、脑科学、环境学、建筑学、社会学、人才学等各界的高度兴趣与关注，同学们请留意一下下面这段文字的介绍：

(1) 江西省临川县

这个县人才辈出。据有关方面统计，仅列入《中国名人辞典》的历代"临川才子"，就多达134人，其中包括王安石，以及明代戏曲大师汤显祖等。另据资料表明，临川县现有教授职称以上的学者名流55人，有各学科研究生86人，留学生20多人。此外，1982年以来，临川县有41名未满15岁的"少年才子"，分别被清华大学、北京大学、中国科技大学等高等学院破格录取为少年大学生。那么，江西临川的自然环境如何呢？临川位于抚州市西南，又名"上顿渡"，为众水所汇之处。它的地理优越性有三条：

① 众水所汇，七聚。发源于西南、南方山中的赣江、崇仁江、抚河等如扇面形，弯弯曲曲的流向临川，在临川的北面汇合后入长江，入鄱阳湖。在古代名著《水龙经》中，这属于难得的"聚水格"。

② 山环挡风，气不散。有水为界，气止住。临川西北方有环形山挡住西北风，符合"山环水抱必有气"，"山环水抱必有大发者"的定律。北方有九岭山、连云山、幕阜山等层层环抱，形成方向都恰到好处。

③ "气遇水则止"。临川北面为长江中游，还有著名的大别山，也

有著名的潘阳湖，把本区域气有效地止住，不使散去。南为气口，生气源源不断。临川较远的南方、西南方有纵行的武夷山、于山等形成山川，成为来气之口。妙就妙在这个川上，若将山的走向改为横向，生气进不来，自然环境也就变坏了。

尽管时代变迁，社会制度更换，临川县人才辈出的事例说明，好的自然环境就是出人才。如果说有影响，只能影响它的量，却改变不了它的质。

(2) 江苏省宜兴县

江苏宜兴被称为"教授之乡"。据《宜兴贤乡名人》记载，当代中国大陆有548位宜兴籍高级科技人员，其中有著名物理学家周培源、化学家唐敖庆、艺术家徐悲鸿。父子同教授、一门众教授的情况在宜兴屡见不鲜。

那么，宜兴的自然环境又怎样呢？古人云：水乡山国截然不同，有山处用山，有水处用水，山上龙神不下山，水里龙神不上山。就是说：平原只论水。宜兴正是典型的水乡，从大局来看，宜兴处在长江的弯弯曲曲的大环抱中。大的自然环境很好。同时，它又是众水众湖合流向著名太湖的必经之地，且处于临近"终点站"。它的西、北方形成众星捧月的扇面形水系，有宜长漕河、隔湖、长荡湖、石白湖、南奇湖、还有不少的人工水库。这些河湖水都源于长江，而又向东方靠拢汇合，流经宜兴，注入太湖。所以说，宜兴是典型的"水抱"。古人认为"山主贵，水主财"。宜兴人理应发财，但因旧中国商品经济不发达，故"主财"体现不甚明显，不过旧社会教授的工资比普通的小百姓较为丰厚，也算笔小财了。宜兴的"紫砂陶"名扬海内外，则可以说不无生财之道。

(3) 湖北蕲春县

湖北的蕲春县是明代大医药家李时珍的故乡。据有关史料记载，仅清代就出现200多个举人和进士，本世纪又涌现出250多位专家学者。该县先后有25人在海外获博士学位，无疑，湖北蕲春的自然环境也必然不会逊色。蕲春又名"漕河"，可见与水关系密切。它位于长江中下游武汉市以下的江段，江行此处，呈弯曲环抱状。又被巴水、浠水河等水兜裹，呈典型的"水抱格"。

另外，它的北方西北方有桐柏山、大别山阻挡西、西北风，又具有典型的"山环格"。

蕲春县达到了"山环水抱"的格局。山主贵，水主财，由于有了山，故必有举人、进士、学者、博士的涌现。不难看出，才子固然有祖传因素的影响，但是后天的自然环境是起重要作用的。三大才子之乡是天人符合之果，它体现了风水学的杰出成就，以及人才辈出的环境特点。

不是所有人都喜欢做才子，有人立志当政治家、军事家，有人喜欢做商人，只要有心，就不难发现，中国人杰地灵的地方多的是。

1990年以前的中国，人们生活工作的地域受到居住地户口的限制，吃饭要粮票，出差住宿要单位开证明盖红章，如今政策放开了，只要不干犯法事，任你海角天涯走遍。甲地出生的学生，到乙地学校读书是很普通的事，重要的是要先明白，选择哪个省、哪个地区、哪个学校读书对自己将来成才成家建功立业有利。

9、通过改变人脉来改善命运

这里先讲一个《孟母三迁》的故事。

孟子是我国著名的思想家和教育家。他3岁丧父，由母亲抚养长大。孟母很有教养，非常重视对孩子的教育。孟家附近有一块墓地，送葬的队伍经常从他家门前走过。孟子经常模仿队伍中吹鼓手和妇女哭啼的样子，还不时到墓地上玩死人下葬的游戏，在地上挖一个坑，把朽木或腐草当作死人埋下去。孟母对儿子这样玩耍很生气，认为不利于他读书，便把家迁到了城里。到了城里孟母要儿子熟读《论语》，像孔子那样做人。可是他家处于闹市中，打铁声、杀猪声、叫卖声终日不断，听着听着，他就读不下去了。接着，他就和邻居家的孩子玩起了做买卖的游戏，孟母觉得这个地方，确实很难集中心思读书，便再次搬迁到城东的学宫对面居住。学宫那里的环境很好，书声琅琅，读书的氛围很浓。孟子很快的安下心来读书。有时，他还向学宫里张望，观看里面的学生是怎样读书，又是怎样跟随老师演习周礼的，回到家里，也模仿起来。一天，孟母发现儿子在磕头跪拜，以为他又在玩埋死人的把戏了，心里很难过，在听儿子说是在演习周礼后，就又高兴起来。后来孟母把儿子送进了学宫，学习《诗经》、《尚书》。

我们毫不夸张地说，没有伟大的孟母，就没有伟大的孟子！孟母深深懂得，**与其说是居住的地理环境影响人的成长，不如说是人文环境影响人的成长！孟母三迁，迁的不是地，而是人！**

在"人生的命运公式"里，有个叫"共势"的东西，讲的是一个人的命运往往受到其他人的牵连，其中影响力最大的是亲人，其次是同学、同事、亲友，再其次是周边的社会环境。所谓"一人得道，鸡犬升天"，讲的是亲人关系对命运的影响，"近朱者赤近墨者黑"，"跟着好人学好人，跟着燕子学飞禽"，讲的是社会环境对命运的影响。

环境中有各式各样的人，各类人的分布不是在所有地方都是均匀的，有的地方运势强的人居多，有的地方运势弱的人居多，我们把此现象称作"人气"。人气有一个规律，叫作"同气相求"，就是说，运势相同的人聚在一块有相互加强的效果——人气就是场，其中含有一股强大的心灵能量。我们要学会识别运势好的人，他们是人群中的强力"磁铁",能够把好的事物吸引过来,与他们在一起,无形中"磁化"了自己,增加了成功的"机缘"。

地理环境和人文环境,都蕴含着能量,作用于身处其中的每个人,虽然是外力,但也不可忽视。为什么湖北红安被誉为"将军县"?恐怕与董必武等人不无关系。作为一个追求上进、成功的人士,内在动机的主导作用固然重要,选择一个各方面都对己有利的外界条件作为助因,实为明智之举。

聪明的凤凰不但善于择食,而且善于择梧而栖。聪明的学生不但善于学习,而且善于择校、择师!择明校、择明师!——"明"非"名"也!

以上讲的是被动的人脉改变。

主动地改变人脉,也有许多的途径。比如,在班上,有意识地跟学习成绩好的同学交朋友,对那些调皮捣蛋的"小混混"则敬而远之;在家里,有意识地跟追求上进的亲戚家人密切来往,对那些成天只知吃喝玩乐、搓麻将赌博的亲戚家人敬而远之;在校外,主动到科研院所和大学向教授、研究员们请教问题,参观他们的实验室、或是旁听学术研讨会,感受他们浓厚的学术氛围;在社会上,主动申请参加青少年夏令营、冬令营、考察队、服务团、主题研讨会、小小记者班、作家班、发明俱乐部……等等朝气蓬勃、人气兴旺的组织,那里能量聚集,能引发人积极向上,更主要的,你可以找到志趣相投的知心朋友,彼此鼓励,共同进步。

更大范围的人脉改变,则是在自身周围形成一股强大的人气"磁场",将具有相同信仰、志气、理想、目标、追求相同、相近的人凝聚在一块,或是建立组织,或是成立学会、团体,参与有益身心的社会活动,在活动中改变人脉,改变命运。

10、通过广结善缘来改善命运

中国谚语云:"一命、二运、三风水、四积德、五读书",讲的是人的一生想要成功,要从五个方面做文章。前面已经讲了四点,本节将揭示为什么"广结善缘广积德"对人的命运也是一个助因。

先说"广积德"的结果。

结果是什么呢?必是一些人得到帮助,度过难关,这对受援者的内心是一种触动,他们知恩必报,而报答的方式,首先便是感激!你知道"感激"的威力吗?

"感激"是一种力,是一束有高度指向性的能量,它从感激者心灵发出,投射到施恩者的身上,使施恩者的能量增加!人生修养修什么?不就是积累能量吗?施出去的是实物,得到的是能量!实物处处都有,肉体的力量就能取得,而能量弥漫空间却不占有空间,肉体的力量得不到,要靠心灵去求、去修,属高层次的东西。表面上施恩者失去了些微实物,实际上得到的将更多、更有分量!——凡人不懂这个理,所以他拼命守住有形的实物!

积一回德,得一辈子感激,获一份永恒回报,生命得一次提升;当你遍积德,得无尚感激,获更大回报,生命得恒久提升!

积德,有在"器"的层次上积,有在"道"的层次上积。给人一钟一粟、一瓢一饮、一钱一物,是"器"上的积——我认为属于下位的积;通过传授他人以知识和技能,以便将来能独立谋生,我认为仍然处于"器"的层次,但比施饭施钱财要高一个档次,属于中位的积;通过宗教的、政治的、哲学的、文化的途径来感化众生,使其终生受益,属于上位的积；如果通过道德教化，使民众与地球苍生和平共处，兵不血刃，自得其乐，则是上上之德，上上之积，意义最为深远！穷则独善其身，达则兼善天下——是中国知识分子逐级上升的人生理想，最高境界之积。

"广结善缘"，其一为做好人、做好事，其二为要与上德之人多多交往，借"同气相求"的正面人气来改善自己的命运。"机会总是优先赐予那些有准备的头脑"，其中就有"广结善缘"所起的作用。

11、通过识势借势造势来改善命运

每一位船夫，都尝过顺水而下和逆流而上的滋味。

每一位骑车人，都体会过顺风而行和逆风而行的感觉；

每一位政客，都理解顺势而动和倒行逆施有何差异。

你知道火箭是"歪"着发射升空吗？如若不信,去问火箭专家吧。原因之一是，火箭歪着发射比90度正的垂直发射要节省很多的燃料，为什么？因为科学家们懂得借用地球自转之力！

许多人总是天真地认为，要成功，就应比别人花更多的力气，更勤奋、更认真、更刻苦、更努力、更聪明、更百折不挠！

我承认，要成功,是应比别人"更……一点"。可是，"更……一点"就会成功吗？

事实上，"更……一点"的成功，只能小成功。真正的大成功者，他们在以上那些方面的能力不见得比一般人强，但是，他们一定懂得如何识势、借势和造势！

若论一个人，力再大，也唤不来东风；再聪明，也算不过计算机；

再刻苦，了不起"头悬梁锥刺股"！但是，如果他善于识势、借势、造势，那么，只需孔明把羽扇轻轻一摇，曹操百万大军就"灰飞烟灭"！盖茨大脑轻轻一想，千万台计算机便"改朝换代"！

观察地球上众多自然现象，有哪一样成功事件不是借力使力、借势造势的结果？大雁南飞，白帆远航，狐假虎威，水力发电……

春秋战国群雄并起的时代，时势造就了老子、孔子和孙子；唐宋太平盛世，时势造就了李白、苏轼等诗词名家；当外国列强侵吞中华，时势造就了林则徐百世佳话；当中国军阀割据内忧外患日寇践踏的时代，时势造就了朱德、林彪等英武帅才！如今，当中国进入一个经济建设高潮的时代，时势造就了知识经济风云人物！

时势造就了英雄，英雄选择了时势。

时势发生在当代，但时势的引信在前代就已点燃，只有那透着灵性和悟性的眼睛才能窥见那引信迸出的微弱火花！

英雄是时势的产物，英雄也是心灵的产物！

若是论肉体，英雄与你我差不离；若是论心灵，英雄就是英雄，狗熊就是狗熊！

英雄顺势，英雄造势，但英雄先是识势！

识势之意不在势而在己，在己如何与时势合拍、合旋、合律！

什么叫时势？时势是个混合概念，是一种精神的流向，谁也看不见摸不着，但谁也不能忽视它的存在。眼睛不能感知它，耳朵不能感知它，但心灵却能感知它！

时势里头，有主成分，有次成分，如同音乐有和弦！

与时势合拍，就是与主成分合拍，这叫大成功。如果合不了主成分，就改合次成分，这叫小成功。

什么是主成分，什么是次成分？比如战争年代，打仗是主成分，经济建设是次成分；和平年代，经济建设是主成分，打仗是次成分。

若是有人生长在和平年代却立志当将军，在战争年代立志当企业家，这叫阴差阳错，不易成功。除非你早已准确预料旧的时代很快就会结束，新的时代即将来临。

先是认识时势，接下来就应认识自己。天下最难的事，莫过于认识自己。但不管怎么难，还必须得认识，不这样做，发生了阴差阳错，失败之后再改，恐怕时过境迁了。

认识自己，主要靠悟的功夫，也可借助心理科学的辅助测量手段。请同学们找机会到大学心理系和心理咨询机构，那里有许多种类的心理测验量表和心理咨询专家为你提供服务。

任何一个时代，都需要各种各样的人物，各种各样的事业对应各种各样的智能。问题是我们要了解自己的智能优势，再去寻找和确认对应的事业。如若不这样做，瞎碰乱撞，胡乱地尝试错误，或许十年八年之后也能撞到一只"死兔子"，但时间精力已经耗费了不少，后半生命运如何，仍是个未知数。

前面说到，时势之中有主成分，有次成分，那是指大范围而言，其实主成分是个大的综合体，次成分也是个大的综合体。比如，战争年代打仗是主流，选择职业优先考虑当军人，于是马上联想到在前方指挥作战的将领。可是呢？我感觉我身上没有那种叱咤风云的大将风度，我如何能当兵？其实，军人也不是全从一个模子里倒出来的，军队也需要各种各样的人为它服务，每一种性格、每一种智能的人物都能在军队取得成功。比如《水浒传》里各路英雄的文武组合；再比如毛泽东身边的周恩来、朱德、刘少奇、林伯渠、林彪等人，他们的个性、智能优势、所学专业没一个相同，但却配合得很默契，缺了他们其中任何一个，中国革命的历史恐怕就将改写！任何一个组织，清一色的出身、清一色的专长、清一色的思想，表面上整齐划一很好看，其实是一个有缺陷的组织。

作为学生,首先要考虑的是所选的专业、理想和目标是否符合时势潮流,接着应考虑是否符合自己的智能优势,这是一门"人生必修课"。这门课,是无字之书,读好它,要启动你的灵性和悟性!

下面以一则寓言来结束本章:

有一个孩子,想考考智慧老人到底是真聪明还是装聪明。一天,他捉来一只鸟儿,前去问智慧老人:"要是您能回答我这只鸟儿是死是活,您才算真聪明!"老人笑了一笑,回答说:"亲爱的小朋友,这只鸟儿的命运,就掌握在你的手里,你让它死,那么它就是死的,你让它活,那么它就是活的!"

八、超脱考试做领袖

　　领袖与凡人，皆乃娘胎所生，高矮胖瘦黑白美丑，分不出二者有何差异，起决定作用的非身体因素，非物质因素，而在人的观念、思想、胸怀。你的胸怀有多宽广，你的世界便有多大！领袖之所以为领袖，是在成为领袖之前，就已经按照领袖的观念来对待这个世界。

1、集体遭白骨精绑架

《西游记》的故事,可谓家喻户晓。故事里有个白骨精,想绑架唐僧吃他的肉得长生。撇开孙悟空不谈,单从白骨精智擒唐僧师徒来看,她仅略施小计,就能以一敌三,取得了斗争的胜利,就某一个时间段来说,白骨精是个成功者!

白骨精有武打功夫吗?非也。体力过人吗?非也。白骨精其实什么也没做,她的成功,是巧妙利用了人类三大弱点:好色、好吃、愚昧。表面上白骨精绑架了唐僧师徒,其实是唐僧师徒自己绑架了自己,是他们先天的动物本能加上后天的弱智害了自己。最后孙悟空出来救驾,那是作者怀着美丽的同情主义,并没改变唐僧师徒身上固有的弱点。

1200年过后,白骨精死而复生,历经痛苦的修炼,这一次她吸取教训,不再纠缠由孙悟空值守的唐僧团队,转移阵线,悄悄来到了你我的身边!她依然拿着三样武器:色情、美食和愚昧,打遍天下无敌手,轻巧绑架了亿万人口!

这是个被白骨精集体绑架的时代!人们心甘情愿被绑架!人们乐于被绑架!人们情愿被多绑架几回!这是个多么舒服的绑架啊:醉人红酒飘香,高价香烟缭绕,山珍海味塞肠,沁人小姐侍候,管它山崩桥塌,高官厚禄依旧!

在这个心灵遭肉体绑架的时代背景下,教育何去何从呢?学生们何去何从呢?我们盼望吴承恩再世,洞察先机,再来写一部《东游记》。

在《东游记》里，我们的最高领导唐僧，是否能从八十一难刻骨铭心的考验中习得智慧，不再依赖孙悟空救驾护法，率领着新的取经团队，沿着真理之途，策马前行？

在白骨精绑架国人之前的1200多年间，中国在政治、经济、文化、军事、科技、教育各项领域，其综合国力，持续保持着全球第一位置，中国是当之无愧的中央之国，世界的领袖！然而，当西方的白骨精们，携来大量鸦片烟土之后，中国人的肉体被麻醉了，精神被麻醉了，继而道德也投降了。当1958～1978年被饿怕之后，中国人的思想意识里面，惟吃为大，不管场所合不合适，大家见面第一问候便是："吃了没有？"。中国哲学教育的惟一版本，以绝对真理的语气说："物质第一性，意识第二性，物质决定意识"。1978之后中国经济建设的伟大成就，无疑是"物质哲学"的功劳。可是，越来越严重的社会问题，不得不令我们反向思考，以唯物主义哲学指导下的物质文明的极速发展，是否导致精神文明的极度衰落？

一个领袖大国，不应仅仅在以物质为基础的经济建设方面占据世界领导地位，也应在精神建设方面为全世界树立榜样，扬此抑彼的做法是不可取的。被东方和西方一致认可的《易经》，把宇宙万物解析为阴和阳的对立与统一，以《易经》为基础的《周易参同契》是全部中医的理论渊源，认为阴阳平衡就健康，阴阳失衡就生病。

那么，纯粹物质哲学指导下的文化、艺术、科学、技术、法制、教育等工作，是否能沿着它自身的道路健康正常发展呢？从阴阳理论及《系统论》推知，一个非平衡动态系统，不能协调走向它的极致状态。存于中国人意识深处的世界大国理想，在一个不能自相平衡的理论背景上，难以实现自以为是的愿望。基于此，我们热切呼吁——中国，已经到了改革意识形态的时候了！

2、对考试的反思

中国与日本一衣带水，两国有着相似的文化底蕴。秦朝以来，唐代与宋代，日本不断派遣留学生来中国学习和交流，一直到明代和清代，中国的总体经济实力，不但在日本之上，也在全世界之上。可是，日本自明治维新以来，就开始从各个方面赶上并超过了它的中国老师，而中国，却紧闭国门，夜郎自大，不仅没有向日本学习的意向，也没有向西方学习的动机，当以英国为首的许多国家轰轰烈烈地开展第一次和第二次工业革命的时候，中国却在那里沉睡。洋枪洋炮打开中国国门之后，少数国民开始觉醒，呼吁向西方学习，"洋为中用"，可绝大部分中国人乃至国家最高行政长官，仍酣睡不醒。

西方高速发展的300年，正是中国停滞的300年。300年过后，国人终于醒了过来，发现自己再也不能充当老大，即使当老弟也底气不足。我们的国民，一边自卑、自怨、自艾，一边开始奋起直追，以谦虚好学的学生身份，如饥似渴地学习西方，学习日本、韩国、新加坡，也学习从国土上暂时隔离的台湾和香港。凡是在经济上强过中国的国家和地区，一律当作中国的学习榜样，学习他们的技术，学习他们的管理，学习他们的民主和法制，也学习他们的生活，甚至连他们的缺点和糟粕也学习！全盘学习、全盘西化的浪潮，把中国弄成了西方的翻版，可是，却翻得不好，走了样，内在的东西、精神的东西、哲学、道德、文化的东西怎么样也翻不过来，而中国自身的优秀传统，却象倒洗澡水一样，连同婴儿也一块泼了出去。

没有原则的学习继承，继承而不知改变，学习而不知创新，邯郸学步，照葫芦画瓢，扮演老二的角色，终究成不了气候。

创造表示成长，创造表示活力，创造表示进步，创造是一个人、一个国家、一个时代的灵魂！

内在装着灵魂的学生们，在长达12年或16年或22年的学习生涯中，应如何在继承中创造、创新呢？

恢复高考33年来，从我们的学校陆续走出一代又一代知识新人，他们超过了自己的前辈，改变了自己和国家的命运。他们的进步是神速的，然而他们的进步是在一片荒芜的土地上长大起来的神速，身上天然缺乏必需的营养元素，与早已在肥沃土地上生长300年之久的参天大树比起来，显得有些瘦小和弱不禁风。

我们的教师们，以蜡烛精神燃烧自己，他们这支蜡烛，成型于饥饿和动乱年代，是没有经过精雕细琢的蜡烛，原始而朴素，来不及照亮自身就开始湮灭。我们的家长们，以无私的奉献精神，寄托了一个思龙之蛇、求凤之鸡渴望的心神，用会说话般爱恨交织的眼睛，诉说着自己的不幸，祈求着孩子们弥补他们的缺陷，填充儿时失败的理想。我们的学生们，来不及玩耍就被送进学校，来不及睡醒就被铃声叫起，来不及听讲就被考试淹没，来不及实践就被推向工厂机关……这是一个怎样的教育啊！

我们的教育现状，是上学、上学、上学！上重点、上重点、上重点！为什么？因为教育力量不足，因为优势资源配置不均衡，因为分工、入党、提干需要证书，需要档案，需要美丽的光环，因为现实就是这样！至于这证书含有多少K黄金、这档案里面有多少真实成分、这光环有多少家族背景的影子，则无人追究。因为，我们的国家和我们的国民，怀里捂着一颗贫穷的心！

如今的教育，驱使我们的教育对象，每天的任务就是考试、考试、考试，中考、高考、职考，"分分分，学生的命根；考考考，老师的法宝。"

这句流传全国的顺口溜,道出了中国教育的现状。

考,无论是中国的考,美国的考,英国、德国、日本、墨西哥的考,其试卷的设计,考试所涉及的人类智能,在全部智能因素中只涵盖其中的一部分,有许多因素还没找到对应的方法来设计和考核。这就决定了采取"考而优则仕"的办法,是片面的,其中人类智能最高级因素:灵感、悟性、创造、魄力、勇气、意志、决心等等与成败关系紧密的心理素质,则难以通过考试来体现。这就注定了考试有其天然的缺陷!

考试,仅能区分中等智力与弱智,却不能发现高等智力与天才!因而,考试考不出创造!考不出激情!而创造与激情,表达了一个人是否成就英才与领袖的关键!

考试,是对学习程度的检验,是警醒学生爱护自己的荣誉和尊严,是为了把教育资源恰如其分地配置给恰当的人选。可是考试,却不具备人格成长的条件,表达不了学习的核心职能——快速凝聚精神能量,提升生命等级。如此,今日学生不知学习为何物的状况、对学习的肤浅理解、对待学习的茫然近视态度,有其现实的根源。

有一个记者,到黄土高原农村采访,途中看见一个放羊娃,于是上前打招呼:"小朋友,你在干什么呀?"放羊娃回答:"我在放羊!""放羊干什么呀?""放羊挣钱!""挣钱干什么呀?""挣钱娶媳妇!""娶媳妇干什么呀?""娶媳妇生娃娃!""生娃娃干什么呀?""生娃娃放羊!"

我们的教育,我们的学生,是否也在重复着放羊娃的故事呢?

3、抗拒心惑做学生——从一首毛主席诗词说起

毛泽东领导的秋收起义部队和朱德、陈毅率领的南昌起义部队余部和湘南起义军会师井冈山之后,蒋介石国民党企图派大军扑灭这支革命火种,五次围剿井冈山,一次比一次猛烈。有一首词,描述了井冈山五隘口之一黄洋界保卫战的情形:

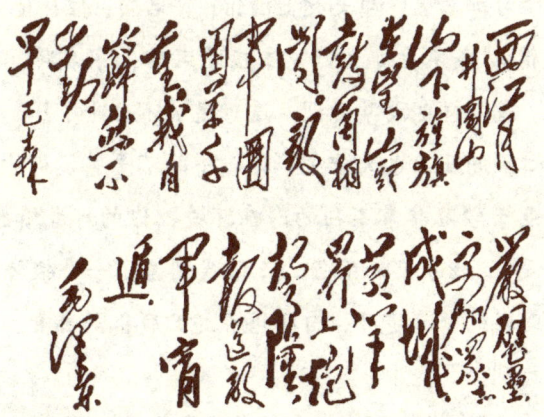

最令我记忆深刻的,是"敌军围困万千重,我自岿然不动"一句,几乎作为我的励志座右铭陪伴我走过坎坷曲折的人生岁月。

毛主席天天面对想要剿灭他的数倍于己的国民党正规部队,还有土匪的不时骚扰,当时年仅35岁的毛泽东,却淡定自若,心如止水,表达了一个坚定意志的共产党人勇敢和大无畏情怀。

现时和平年代,不再发生当年的战争,但,枪炮火药的外部战争停息了,心灵与肉体的内部战争却从来不曾止歇。

① "学习好,不如爸爸好!"家庭出身,在学生心目中是一个

挥之不去的心理因素。有一个当官的好爸爸，自然脸上光彩，心里甜蜜，不是爸爸真的多么好，虚荣心在任何人那里都会有。"要是我的爸爸不是清洁工，而是县长那该多好啊！不是县长，校长也好啊！"你看看！小小少年，就老大成如此世俗的模样，能搞好学习吗？县长也好，校长也好，他能代替你学习、上课、作业、考试吗？"从来就没有什么救世主，全靠我们自己！"学生的心应当清纯、透明、无杂质，才能心无旁骛，集中精力学习。自小养成超脱、超越现实的心胸、眼界和境界，抗拒虚荣飘渺的诱惑，长大做一名成功人士，就只是时间迟早的事了。

② "他学习那么差，却天天上酒馆、穿名牌、住样楼、坐奔驰！"好象意思是说："我学习那么好，本应吃名牌、穿名牌、住名牌、坐名牌！可是，我一样也没享受到。这世道太不公平了！"假如你果真这么想，你心里的压力也太重了，你心中的不平将搅得你心烦气躁不得安宁，这是于学习非常不利的内在环境，你的好成绩也是暂时的。正确的情感是，"我今天的艰苦，正给我创造了一个锻炼意志的好机会，我要借助我的家庭境况，自小培养超凡脱俗的睿智，导引我迈进伟大人物的行列！"

③ "嘻嘻，我又考了第一名！多光彩！""唉，我又考了个低分！没脸见人！"正确的情感是：一份耕耘一份收获，有因必有果，取得好成绩，说明我在学习方法选择上，符合我的优势智能，坏成绩，只能说明我的方法选得不对或不够努力，如此而已。我不要象庸碌的人们一样弱智，把考分与生命价值等同起来，我也犯不着成天神经兮兮，为考分高低而悲喜交加，"我就是我"！

④ "这么漂亮的校花，竟跟个小瘪三混在一起！为什么不是我？"青春期荷尔蒙分泌，对异性萌动了爱恋的情感，这是正常的生理心理反应，不要紧。要紧的是，大脑不听使唤，成天想着这事儿。正确的

情感是：我的荷尔蒙分泌，表明我是正常健康的男性，既然上天生了我，也肯定生了一个与我配对的女生！我不用那么性急，为此事提前分心，人家还不领情，不值得！这方面的影响，说明上天开始考验我了，我一定不辜负上天旨意，我要克制自己的本能冲动，以心灵意志力战胜肉体，超脱世俗事物对我的羁绊，我定是个大成功者！

⑤"上网、玩电子游戏，是我们年轻人的最爱，我也知道弄得不好会沉迷进去，影响学习，可是硬控制不玩，我又心痒痒，还是影响学习。不知该怎办才好！"解析：这确是一个两难的题目，都是年轻人，哪个不爱玩？问题是如何平衡兼顾，而不顾此失彼。推荐的做法是：一、选一个长一点的节假日，让自己痛痛快快玩一回，过把瘾！二、一个有着宏远之志的年轻人，他知道自己真正想要的是什么，也知道什么叫无足轻重，作者的建议，对待与目标无关的事情，了解了怎么回事就成，不要沉迷，沉迷是一种病态心理；三、永远记住自己的主业，永远把主业放在第一位，以主业为心理警戒线；四、学会超越，学会在思想的天空乘坐直升机，从上往下看一切的人和事，把前后左右现在未来的关系看清楚，就知道自己该何去何从了。

⑥"我是个外向性格的人，我喜欢交朋友，可是，每当我带朋友回家的时候，爸妈总是态度不友好，弄得我尴尬又难堪，真是伤心透了！"解析：世上父母都是爱儿女的，但父母爱儿女的方式并非总是按照儿女的想法行事，这件事，应是担心多于爱心。作者的建议是：无论父母的行为多么不可理喻，我们都应先接受现实，不要自己与自己怄气，也不要与父母对抗，怄气和对抗是在耗散精神能量，然后主动找父母沟通想法和感受，争取两全齐美。如若站在高处看待这件事，就会发现，父母比我们看得远，比我们有超脱精神！超脱不是不要朋友，而是善于选择朋友，选择于自己的人生有益的朋友，互相鼓励，互相切磋，互相帮助，若是酒肉朋友、狐朋狗友，则应理智冷淡关系，

不交为好！记住，朋友是背景，主人公永远是"我自己"！

⑦"每次向父母要钱，总感觉像乞讨似的，父母总是问来问去，像审犯人似的。感觉很不爽。"解析：钱，是个具有两面性的东西，用得好便好，用得坏便坏，站在父母的立场，他们担心孩子胡乱花钱，担心孩子用钱乱交朋友，站在儿女一方，应想到，我现在没工作，依靠父母天经地义，没有什么难为情的，只要相互沟通，相互理解，把钱花对地方，花得值，大家心理上必会坦然。我今天表面上花的是父母的钱，实质上，是用父母的生命交换自己的生命，我要努力学习，以优异成绩放大父母的生命价值。如此，以超越、超脱的眼光看待钱，钱就已经不是钱了，而是人生价值观！

学生的生活既单纯又复杂。说单纯，是指学生时代人与人之间，较少掺合利害矛盾，大家都在一个屋顶下，心向一个权威，习读圣贤之书，练就高尚人格，目的明确，关系简单；说复杂，是指学生生活，是社会生活的前奏，社会问题，或多或少反映到学生中来，如果深入进去，纠缠不休，的确很复杂，如果以超脱心态对待它，自然又变得单纯。以本书倡导的学习理论看，单纯化是智慧之举，因为单纯化，人把自身的能量全部集中在焦点上，发热，发光，最终产生生命能级的跃迁与质量的改变！社会问题五花八门，香花与毒草并存，美丑善恶同在，现象与实质盘根错节难以区分，许多时候，毒草甚至比香花妩媚，臭比美更加撩拨人心，恶比善表现的更善，一个低级趣味的灵魂很容易滑进表象的温柔怀抱，纵然背后有深渊在等着他，一个高尚的灵魂却要经受灵与肉的痛苦煎熬，虽然未来光明，可是眼前黑暗。人在妩媚面前、本能面前、伪善面前，要能挺住心智的摇晃，抗拒魔鬼的蛊惑，确是需要经过一番情感与理性的较量，需要真正过硬的内功，才能取得胜利！超越、超脱的心态，能助你迅速跳出八卦阵与迷魂圈！

4、高分者的现实与未来

高分者一路绿灯，一路挺进重点班级、重点中学、重点大学，高分者是老师的骄傲、家长的明珠、社会的宠儿、国家的期望！

（1）现实的感受与环境博弈

学校、老师和家长，给学生们全方位地制造了一个"学习——考试"环境，在这个环境里，有一个统一的、全体一致认可的成功标准，凡是考试高分，就是成功者，低分，就是失败者。学生个人的价值、尊严、在老师和同学们心目中的位置，都由考试分数决定。高分者，头顶上光辉灿烂，春风沐浴，作为当事人，在这场智力竞赛中取得了胜利，自然兴高采烈，自信满满，浑身散发着青春的活力，在同性同学面前，他被人羡慕，在异性同学面前，他被人爱恋，这是个非常美妙的人生，他在自己的心目中睿智、光明、高大，感觉自己这一生定将铺满锦绣前程！低分者，头顶上乌云弥漫，寒风凛冽，作为当事人，在这场智力竞赛中遭到了失败，自然无精打采，自卑自贱，浑身笼罩着愁云惨雾，在同性同学们面前，他被人轻视，在异性同学们面前，他被人忽略，他在这个世界上是一个可有可无的人，他在自己的心目中低能、猥琐、矮小，感觉自己这一生定将前景暗淡！因此，分数，就是学生的价值标签。

(2) 未来的感受与环境博弈

通过考试,高分和低分者,在通向未来的人生道路上,有两个岔路口。高分者走向重点中学和重点大学,毕业后进入国家或行业的重点单位,从事与智力有关的重要岗位工作,在单位里,总裁或上级对他寄予无限的期望,屡次接受组织的派遣,完成关乎组织前途和命运的关键任务;在这过程中,他认为自己俨然就是组织的核心与象征,掌控着组织未来的进程,组织非他莫属,理应享受组织的荣耀。低分者走向普通中学或职业学校,毕业后加入劳动大军行列,从事与体力有关的普通岗位工作,在单位里,上级对其不理不睬,熟视无睹,没有重要任务落在自己肩上,只有脏活累活才想起他们,在这过程中,错误和责任属于他们,功劳和荣耀与他们无关。

(3) 事实真相

高分者的光环效应,陪伴着人们从学生时代走过职业人生。事实真相如何呢?

有幸被分配在国家或行业重点单位的高分者,他们拥有该组织的最优势资源,自然应当为组织的进步和可持续发展贡献自己的力量,组织的未来代表了国家的未来,他们的进步就是国家的进步。这批组织与国家的代表人物,他们在自己的岗位上做了哪些工作呢?以电线电缆行业为例,这是中国仅次于汽车行业的第二大产业,电线电缆的关键技术主要集中在产品标准上。中国电缆行业最高权威标准应为国标GB/T系列,行业人士大都知道,该标准等同或等效采用欧洲国际电工委员会IEC标准。所谓等同或等效,那是个比较好听的名词,真实的情况是照搬照套，过程中主要的工作是翻译，非技术创造的成果。负责主持该项工作的国家标准化委员会及所属各分委员会，其工作人员均为考试制度下的成功者，他们执掌如此重要的部门，代表的是整个国家的实力和形象，可是，却至今鲜有发现他们在产品标准及管理标准领域有领先于地区和世界的作为。这说明什么问题？集体弱智！一个世界第一人口大国，竟然连一个象样的标准都不能独立研发制订出来，不是很令人汗颜吗？

再以中国知识产权为例，截至2008年底，国内有效专利中，有效发明专利12.7596万件，占总数的13.8%；有效实用新型专利46.3342万件，占50.2%；有效外观设计专利33.2859万件，占36.0%。再看看国外在中国专利授权的情况，截至2008年底，发明专利20.9619万件，占77.2%；实用新型专利有6387件，占2.4%；外观设计专利共5.5393万件，占20.4%。从比较中可以看出，国内专利以实用新型和外观设计为主，科技含量较高的发明专利比例很低，国外有效专利以发明为主，其比例为国内的5.6倍！

不用过多取证，以上情况充分说明，高分低能，由高分者变身而来的中国知识分子，严重缺乏创造力！创造力意味着什么？对个人而言，意味着前途，对国家民族而言，意味着在未来的国际实力大比拼中，中国将占据的地位！

换一个视角，再看看当年所谓的考试失败者，包括低分和中等分数人群，跟踪观察他们的职业分布，发现一个奇怪的现象：要么处在社会底层，靠着体力劳动，换取起码的生活保障，日子过得很艰难；要么处在社会上层，靠着指挥他人，享受着工作的成绩，而他们所指挥的人，恰恰就是当年班上的学习尖子，看不起他们的高分人群，即高分者给低分者打工！最著名的历史人物，要数刘邦与韩信、刘备与诸葛亮、朱元璋和刘伯温，论军事才能、远见和人品，韩信、诸葛亮和刘伯温远在刘邦、刘备和朱元璋之上，可历史偏要跟他们开上几个玩笑。现实社会中诸如此类的情况更多，上世纪八九十年代所谓的"脑体倒挂现象"，文盲和半文盲挣的钱比教授专家还多，二十年过后，当年的低分者摇身一变而为企业家，高分者却变成在他们手下干活的工人和干部，这群工人和干部，正按照相应的管理模式，很规范地执行着低分者的命令！

5、辩证看考试

（1）考试的由来

中国是考试的发祥地。作为一个文化早熟型国家，考试制度的最早渊源可以追溯到夏商周时期。1910年出版的《大英百科全书》第11版"考试"条说："在历史上，最早的考试制度是中国用考试来选拔行政官员的制度（据公元前1115年的记载），以及对已进入仕途的官员的定期考核（据公元前2200年的记载）。"考试一词由"考"与"试"二字组成，《尚书》中有"试可乃已"、"试不可用"，"敷奏以言，明试以功"，"三载考绩，三考黜陟幽明"等记载，《大英百科全书》的说法是根据19世纪末20世纪初一些西方学者有关科举的论著而来，而这些论著的说法又是根据《尚书》的记载而来。

"考"与"试"是意义相近的两个概念，皆有考查、检测、考核等多重含义。将"考"与"试"二字连用，始于西汉董仲舒的《春秋繁露》，该书《考功名篇》说："考试之法，大者缓，小者急；贵者舒，而贱者促。诸侯月试其国，州伯时试其部，四试而一考。天子岁天下，三试而一考。

前后三考而黜陟，命之曰计。"由此可见，最初"考"字更侧重于考核政绩的含义，"试"字更侧重于测度优劣的含义。当"考"与"试"合为一个词之后，其内涵逐渐演变为特指考查知识或技能的方法和制度。

旧中国，"一人得道，鸡犬升天"，全家亲戚朋友都跟着享尽荣华富贵，连看门狗也连带沾有几分光，不得不教人削尖脑袋往里钻。国家各部门需要人才，手握权势者希望保举自己人，而皇帝不相信臣子的公信力，于是科考制度诞生了，大家凭本事挣钱吃饭，谁也不欺谁。

(2) 考试的正面作用

● **公平竞争**：在考试的旗帜下，有后台、没后台，贵族、平民，富士、寒门，都列坐同一个考场，做同样的试题，按同样的标准评分，公平竞争，避免了任人唯亲、唯情、唯财、唯权的弊端，实为中国吏治的一大创举。

● **考而优则仕**：自古有相马、有赛马。千里马常有，而伯乐不常有。伯乐有相马的本领，但伯乐首先是人，是人就带有情感、主观、偏见，看不顺眼的、有点瑕疵的、桀骜不驯的，即使千里名驹、万里神器，也可能被伯乐晾在一旁，任由农夫鞭笞喝骂，错过了驰骋疆场建功立业的机会。赛马机制，弥补了相马的缺点，也解决了伯乐人手不足的问题，自考试制度发明之后，千百年来，不知有多少才子，突破了家门的局限，与皇帝共管华夏江山。今日民主共和，没有了皇帝，但在理字上仍然不变。

(3) 考试的负面作用

● **一考定终生**：每年六七月份，千军万马齐开拔，轰隆挤上独木桥。考上了皆大欢喜,酒筵一摆,从此挺进上流圈。考不上呢?心灰意冷夏大雪,打落牙齿肚里吞,流水落花春归去,从今不进官府门。考试是一柄无形的剑,把人分成三六九等。那些名落孙山者,一辈子活在自卑自怜的阴影中,无以慰聊,惟有杜康。人间多了几分哀怨,社会少了几分安宁。事实上呢?站在宇宙宏观视野,回视历史长河画卷,蓦然发现,真正作出丰功伟业青史留名的大成功人士,后者数量更多,好象世界跟人类又开了一个天大的玩笑:考试并非唯一鉴才良策。

● **考试指挥棒,国家方向盘**:考试考什么,学生就学什么,考试历来是学生和老师的指挥棒。考中录取的所谓人才,日后将充斥到国家的各个部门、各个领域,执掌着国家的前途和命脉,他们好,国家就好,他们迂腐,国家就羸弱,可以说,考试俨然就是国家这部大车的方向盘,说这话一点都不过分!可是,编教材的人、出考题的人,他们就真的具有洞察时势的眼力、胸怀全球的战略胸襟吗?他们能把时势和战略转译成当前的教材和考题吗?我不敢确定,至少在怀疑。

● **高分未必真才,真才未必高分**:这个问题成了社会公识和通病。谁都知道,谁都不肯抛弃和改革。名列孙山之前和名列孙山之后的人,他们到底何者潜力大、贡献多、报酬少,三十多年来,好象没有哪个机构作过统计和比较,大家都是晕晕乎乎过日子,事不关己,高高挂起。

(4) 考试制度改革势在必行

作者参加1979年的高考,当年的作文题是缩写《第二次考试》,文中主人公报考音乐学院,初试很出色,潜质非常的优秀,第二次复试情况很糟糕,嗓音沙哑,情绪不稳,而且还迟到,当然落选了。考官很诧异,当他们了解到该考生是因为抢救陌生老太太的生命而影响了考试之后,特别决定给她一次补考的机会。

历年来的高考阅卷,总会爆料若干新闻,有用文言作文的,有用七律诗词作文的,有用龟形文作文的,其格调之奇、立意之新、水平之高,简直令该领域专家权威都自愧弗如。但他们的总分往往不过录取线,着实让有关负责人为难。于是,个别极有胆识的高校,特别予以破格录取,一阵担心之后破涕为笑。

特别的爱给特别的你。大部分极有智力潜能可未能全科高分全面发展的学生,最后被"放逐"到社会最底层的大有人在,他们的才气不被人赏识,他们的智慧不被人肯定,他们首先得放弃理想,解决温饱问题,他们要成功,比同年龄段的线上生不知要多付出多少倍的辛酸、眼泪和汗水!对此,作者深有感触。

我也知道,良知未泯、呼吁进步之人士,正在全力以赴推进中国的教育改革,我愿加入到你们的行列,助上一臂之力。

6、人生靠什么胜出

人生靠什么胜出?

老师们说:门门优秀,全面发展,必能胜出!家长们说:你还有哪门课差点,赶紧补上!

"胜出"就是超过,超过,就是高过别人一等!什么叫高人一等?人的智力和能力,细分为许多方面,高人一等,是在所有方面都高人一等吗?

奥运会火炬手李宁，代表中国体育精神，乃当之无愧的体育领袖。请问，李宁在所有方面都强过别人吗？非也！他只在体育项目上做得最好！再请问，李宁在所有体育项目上都做得最好吗？非也！他只在体操项目上赢得世界冠军，其它项目根本没有参加比赛！这就是说，人的成功是相对的，相对于某些方面比他人出色，其它方面不见得很好，甚至可能很差，但是很差没关系，并不影响出色的一面正常和超常发挥。

大家熟知的爱迪生，要是放在今天以考试论英雄的时代，说不定连瘪三都不如，政治、语文、数学、物理、化学、生物、历史、地理、外语、体育、音乐、美术，他可是样样都难及格，更别说精通，你让他全面发展，岂不强人所难？可是，他就是喜欢动脑筋，然后动手把它做出来，申请专利——这就是他的优势，兴趣所在，他可以不懂华盛顿、不懂微积分，他只要懂一样就行，在"发明"这个单一领域里做到高人一等、世界第一就行！

毛泽东在长沙第一师范读书时，理科成绩常考不及格，画画也是随便应付了事，以全面发展为标准，毛泽东定然不是个好学生，他甚至带头闹事，驱赶当局校长，放在今日，不被开除才怪！可毛泽东心中有他自己的个人标准，他在哲学、历史、地理等方面学得非常出色，超过他人一等，正是这过人的一等，成就了这位伟人的一生。

一个人在学生时期，身体、智力尚未成型，处处不及大人，在心理上容易养成以大人的标准为标准的思维习惯，自然，这是于学习、模仿是有利的一面，可是，大人的标准就是真理吗？大人的言行就是绝对榜样吗？在家长、老师、周围所有大人要求"听话"、"乖孩子"、"好学生"的强大心理攻势与暗示下，大部分孩子放弃了自己的疑问，从迎合大人喜好中获得自己想要的一切，渐渐地，"迷信大人、迷信权威"的心理定势，陪伴人走完他的一生，终至浑浑噩噩碌碌无为。

当教育走不出"批量生产"的教学模式，为社会输送清一色的劳动大军（实为"劳动工具"），必然成为学校的首要任务了。

认清大人的"阴谋"，站稳自身的立场，"泰山压顶不弯腰"，——是本书赠送给每位读者的精神礼物！

作者我，曾经就是在大人的"阴谋"下走过来的学生，如今回过头来，扫描过往的人生经历，觉得如果不深刻揭露大人们的反动面目，实在对不住我的儿女们！好在我因祸得福，父母没有机会强压我的灵魂，因为我的父亲早早过世了，母亲早早双目失明了，我认真也好，调皮捣蛋也好，没有人规定我应该怎样，我的生活一切自己做主，这就注定我变成了社会的一个另类。

我想真诚告诉学生读者们的肺腑之言是，"全面发展"是个害人的东西！小的时候让你尝到升学的甜头，可是长大以后的你，就变成了一个不折不扣的鹅卵石，没棱没角、撞不出心灵火花的石头！

当然，鹅卵石有鹅卵石的用途，砌砖块、铺路面是个好材料，可是，鹅卵石永远别想做栋梁！

现时的社会，是一个高度竞争性社会，社会价值观强调，人要成功，不要失败。什么叫成功？什么叫失败？成功与失败只是个相互比较才能成立的概念。我们说一个人成功，表示他在某一方面强过别人一点点，另一个人失败，表示他在某一方面弱于别人一点点，失败并不意味着死亡，如此而已。既然成功表示"强过别人一点点"，那么，在成功之前，我们的教育就应教会他在学生时代如何"强过别人一点点"，难道不是吗？"金无足赤，人无完人"，上天生下每个人，赋予的是不同的使命，完成不同的任务，自然应学习不同的功课，现在教育要强行按照一个模型塑造学生，岂不违背上天的"天意"吗？毛主席说"人定胜天"，旨在特定环境下鼓励人们要相信人的力量，战胜大自然，变害为利，并非要改变上天的安排。上天是仁慈宽厚的，他不仅赋予不同的人不同的人生使命，也赋予不同的人不同的先天优势。但是上天没有开口说话，直接告诉人们优势在哪里，那是有意训练人们的悟性，通过努力找回属于自己的东西，只有努力了，付出了，才懂得珍惜。

人生靠什么胜出？

靠优势！

作者有位学生名刘盛昌，当年考进师范时样样优秀，因此被选为班长。作为班长的他，按正常逻辑，应是以身作则，带领全班同学德智体美全面发展，可他很快认清了自己的优势，调整自己的目标，把焦点对准音乐课程，其它功课完全一副应付的态度，每天天不亮去野外吊嗓子，寝室熄灯了，还隐约听见从琴房飘出来的琴声，课外、节假日，你很难从牌友里和街市上发现他的影子。由于明显的偏科，班主任卸了他班长职务，其它各种班级集体活动也不大让他参加，但他坚决地抗住了外界一切压力、诱惑与家庭经济的困顿，执着地耕耘他心灵的圣土。皇天不负苦心人，从中专生到硕士生，从小学教师到大学教师，一步一个台阶地朝向"泰山极顶"挺进！

"认准自己的优势，锁定自己的优势，经营自己的优势"，是本书贯穿始终的精神主线！

去掉头和尾，人的一生能够自主运用的时间仅三四十年，再去掉吃喝拉撒睡占用的光阴，真正能派上用场的人生大概只有十年！这十年，如果再将之平均分配在十件事情上，每项事务一年，纵使你是一位天才，也不可能在一年时间里把自己打造成行业里的精英！但是，如果"十年磨一剑"，天天、月月、年年，不间断地磨，宝剑终有磨成的时刻！为什么古代能出李白、杜甫、苏轼、王羲之？因为他们"一辈子磨一剑"！为什么比唐宋更加繁荣与和平的当今世代，却怎么也找不出半个李杜苏王？因为我们"十年磨十剑"。差异就在这里。

因此,全面发展,即全面平庸!

人生靠什么胜出?

靠优势!抗拒"全面发展"的诱惑,以"优势发展"取而代之,是作者献给上天之子的成功法宝!

现在的问题是,以政府为代表的正统教育,其力量是如此的强大,我一个小小年纪的学生,如何能抵抗来自社会、学校、家长"三座大山"的重重压迫?以下内容就是为你而精心准备的。

7、超脱考试的勇气

模型化的正统教育和在"类八股"考试指挥棒下长大的孩子,在其后的工作生涯中,扮演着标准公民的角色,这一点是毋庸置疑的,他们属于分布于各行各业的数量极为庞大的标准件,正是有了他们,社会这个大肌体才有血有肉,他们是构造世界的基本元素。但是,历史的进步,既需要缓慢的量的积累,更需要翻天覆地的质的变革,这些标准件们,由于心理素质的局限性,决定了他们难得有开创性的、出类拔萃的表现,"英雄,只有英雄,才是创造历史的动力"!

作者在这里,将重点关注未来的英雄们、精英们,因为整个社会鼓励进取,宣扬成功,这是当今世界的主旋律。可是,我们的教育、教学、课程设置,并没把如何培养英雄和精英设计进去。我们想当然地认为,一个学生,只要出色达成了教育教学目标,在每一门功课上都考得名列前茅,那么他就是人才,是人才,就是成功者!如此说来,凡是考进北大、清华的学生,都是人才,都是成功者!事实真的如此这般吗?翻开各行各业精英排行榜,追究他们成长的过程,似乎与北大、清华沾不上关系。由概率统计的层面，可以大胆地说，正统教育，是地地道道的庸才教育！"精英教育"必须摆脱传统模式，超越传统思路，另辟一条新轨道！——这就是本书所提倡的"超脱考试做领袖"！

的确，真正做到超脱，确是需要过人的胆识和勇气。看看我们的周围，家长们、老师们、同学们以及认识和不认识的大人们，他们每天按部就班地生活着、学习着、工作着，他们活得很自在、很舒服、很正常，相反，如果有哪一个人不按这样的方式生活、学习、工作，那么很快就被指为"不正常"、"神经病"，而立即受到好心人的帮助——看病、吃药、打针，甚至送到精神病院，直到恢复正常为止。请问你敢吗？你要知道，这些好心人里面，有你的父母、亲戚、朋友、老师、同学，还有上级领导，你敢不接受他们的爱心和善意的帮助吗？违逆他们，就是令他们伤心、痛苦，你敢让他们因为你的"不正常"而搅乱他们的正常生活，使他们为你伤心、为你痛苦、为你流泪吗？除非铁石心肠，没人能做得到！

尤其是，当你尚没能从根本上认识到传统教育的本质，那么，反传统，冒天下之大不韪，将把你推进自我否定的黑暗深渊。

因此，超脱考试，不是一件很容易的事情，不能仅仅凭借简单的勇气行事，还要有对传统教育模式的深刻认识，有对超脱前后的完整生涯设计，有抗拒主流、抗拒时尚、抗拒打击的心理准备和中流砥柱般的毅力的支撑，没有这些内在条件的支撑，就别去想超脱了！中国有句古话："土堆于岸，流必湍之；木秀于林，风必摧之；行高于人，众必非之。"抗不住的，是凡人，抗得住的，是领袖！

如果一个孩子，自小就具有做大事成伟业的气慨和雄心，自小就具有独立的思维、独立自主的意志、力排众议的自信和胆量，那么，你就该"超脱考试做领袖"了！

考不考试不要紧，考不考得好不要紧，考不考得上不要紧，考官顺不顺眼不要紧，分不分配工作不要紧，要紧的是心中目标不漂移，要紧的是"咬住青山不放松"，执着坚守存于心底那一方理想圣地！等到将来有一天，你腾飞了，你叱咤了，你英雄了，那么，过去曾经看不顺眼的、骂你"神经"的、给穿小鞋的，统统折回你的身边，极尽所能为你阿谀逢迎、歌功颂德了！

8、为超脱而做准备

随大流是一种心态，超脱也是一种心态，超脱更是一种行为表达，超脱的过程要独自从事大量精神的、现实的活动。因为超脱本来就是置传统而不顾、置现成而不顾、置熟悉而不顾，所以，能否真正独辟蹊径、超脱成功，在超脱之前要做好充分而必要的心理准备。

准备之一：建立内在方略

打仗要取胜，首先是己方布阵有方略、变阵有秩序，切忌自乱阵脚。世间万事万物形不同理相通，打仗读书一个理。生命是永恒的，每一个时段，都有她特定的目的和意义，学习特定的功课，履行特定的使命。如果这个人悟性好，明确了解属于自身的生命特征，按照既定的方略顺利完成了使命，那么她（他），将会继续进步，到达新的目的地。假如该生命缺乏悟性，该学的功课蜻蜓点水地学，不该学的功课学了许多，该做的事没集中精力做，不该做的事也是八面玲珑，那么,她（他）难以完成使命，以后还要重新来过。毛泽东的学生方略，是以哲学武装思想，以历史为借鉴，以地理驰骋天下，以社会科学"指

点江山，激扬文字，粪土当今万户侯"。

准备之二：制定内在标准

刚恢复高考的七八十年代，中国流行一句名言："学好数理化，走遍天下都不怕！"，于是大家纷纷选报理科，轻视文科；九十年代，电脑引进中国，大家一窝蜂填报计算机，其它专业不被重视；再后来，经济管理吃香，于是挤破脑袋学金融会计和管理；不同的专业对应不同的优势智能，当人们赶时尚的时候，有否想过自己的智能优势是否与时尚所要求的技能相匹配？凡为时尚，皆如一缕轻烟飘过，外在的东西持续不了多久，只有内在光辉经久不衰！政治挂帅的年代，人们将职务与身份等同；科技挂帅的年代，人们将职称与价值等同；经济挂帅的年代，报刊上便出现了以财产为标准的排名；……。每一阵风吹过，有人欢声笑语掠过树梢，有人如萧瑟秋风扫向落叶，几家欢笑几家愁。不明就里的心理从众现象，使得许多人一辈子做一个追随者，终生与成功无缘，因为他们欠缺内在的价值标准。倘若你以时代的引潮人自居，那么应当先行建立一个符合自己智能类型的内在价值体系，任凭世上风云如何变换，任凭"敌军围困万千重，我自岿然不动"！万一损失了金钱、失去了官位，心底里不会将金钱和官位与个人价值划等号，如此，可保障生命永远屹立不倒！毛泽东尽管数理化考试分数不及格，尽管王明撤消了他的一切职务，但他依然保持精神上的镇定和安然。

准备之三：树立内在标杆

建立了内在人生策略和价值体系，接着就应确定人生应跳跃的最终高度，即标杆。标杆即榜样，即目标，对起跳中的你具有无形的激励作用，鼓舞人们最大限度调动自身潜在能量，全力以赴跳过目标。

孔子曾说，要想得到中等的结果，应树立一个上等的目标，要想得到上等的结果，就应树立一个上上等的目标。目标要形象化、数字化，要有实现的具体期限，要全身心地相信目标鲜明闪亮地立在自己的面前，闭着眼都可触摸到它的温度。大凡领袖人物在成为领袖之前，内心里早就升起了一面高扬的旗帜。

准备之四：规划内在路线

路线图就如人生地图，战场指挥员如果少了作战图，很难运筹帷幄决胜千里。当年考察罗布泊的地质队员，如果人人手上有一部GPS电子地图，彭加木就不会迷路而死。职业生涯开始前，规划一副详尽的人生路线图，可以减少后续付出的代价，节省能量，提高生命效率。毛泽东夺取全国政权的人生路线图，是将马克思主义同中国革命的具体实践相结合，走农村包围城市的道路。作者的人生路线图，是重新定义物质与意识的辩证关系，指导人们如何向善和向上，以此提升生命能级。

9、超脱之后的人生之路

心理上超脱了，现实的路要走。在这条人迹罕至的路上，鲜有同道之人，免不了艰苦一生、孤独一生、抗拒一生，但仍然要走下去，这是你自己的选择，无怨无悔。

大家活得好好地，考试考得好好地，为何就你偏偏要超脱？因为超脱不是目的，而是心态，是方法，是为了经由超脱，减少不必要的行动，节省不必要的精力消耗，将生命的焦点直接对准生命的目标，

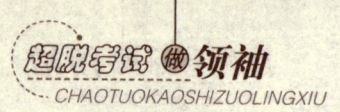

这是一项成就伟大人生的战略设计!

心理上超脱之后,漫漫人生,何去何从呢?

(1) 抗拒

● **抗拒诱惑**:周边世界,烂漫精彩;同窗同桌,连考连上,捷报频传,烫金学士证,方圆博士冠! 而超脱考试的你,似乎长夜漫漫,落寞萧条,只要你换一个念头,转一个身,这一切视觉大餐,必将影响你"。但是你不会,你的心里面立着一面"镜子","照彻"一切魅惑、快感背后的阴影,使其无以遁形,而这面"镜子"的材质,由你的精神因素构成,其中含有穿透、辨析、抗拒等成分,这些精神因素,最终将你从另一条曲径通幽之路推向珠峰之巅,捷足先登!

● **抗拒压迫**:你的超脱、你的洒脱、你的居高临下、傲视群伦的姿态,无意中给世人一个造型、一个符号,这个造型和符号,令周遭人们自惭形秽、心神不安,你想超脱,别人偏不让你超脱,你想傲视群伦,别人偏不让你傲视群伦,你与环境,形成一股无形的心理张力,强迫你松弛、妥协、让步、放弃,但是,你的心是强悍的,你的意志象钢铁般的坚硬,你在与环境的对抗中总能占据上风,这是领袖应有的姿态!

● **抗拒从众**:从众,可以省却很多烦恼,可以少费许多脑筋,可以轻松、迅速解决问题,但是,却浪费了独立思考、自主判断的机会。传统教育、类八股训练出来的学生,在定势思维的轨道上行驶了那么久,早已养成了从众的习惯,不可能有所突破和创新,只有在思想上超脱传统,才能拨开迷雾见日月。大家重考试,我不重考试,大家比排名,我不理排名,大家竞名校,我不竞名校,大家赶热闹,我不赶热闹。当大家从众的时候,当大家把精力分散到许多与目标无甚关联事务上的时候,我则躲进我自己的思想天地里,集中心志做我自己想做的事情,当大家的生命热力只把理想加到温热的状态,我则把理想加热到火红!

● **抗拒温柔陷阱**:超脱者,总会引来众多人的关注,他们或贬或褒,或担忧或排斥,在所有充满善意的劝告里面,惟有承载温柔与爱的心意是最难拒绝的。可是,你要知道,在所有正反两面的评价与期待中,他们总是企图让你重新回到正常轨道上来,过正常人的生活,直至寿终正寝。你若按照他们的动机塑造自己的人生,注定一辈子庸碌无为。真正的领袖人物,能入木三分,深刻洞察爱意遮盖着的陷阱,时刻警醒自己,绷紧内在的琴弦,拨响带有灵性的天籁之音。

(2) 艰苦

● **肉体上的艰苦**:自不待言,超脱者比循规蹈矩之人,在肉体上要付出更为艰辛的劳动,因为你要标新立异,要别具一格,要出人头地,这就免不了你既要动脑又要动手,既要勤奋又要负责任,既要创造又要制作模型,这是很辛苦的一件事;尤其是,超脱传统,意味着你不能象普通人那样经由考试顺顺当当、按图索骥一步一步走向成功。

● **心灵上的艰苦**:超脱传统,就是要走一条别人没有走过的路,自己踏出这条路,所踏之处,每一步都隐藏着风险,是险滩还是暗礁、是沼泽还是草地、是蛇窝还是鼠洞,只有亲自踏过才能知晓,踏过之后是否被风险埋没,还是安然无恙,谁也不敢担保,而且,路上,你还要不断地感悟、不断地创新、不断地翻出新花样,搅尽脑汁,搜索枯肠,三月不知茶味,过程中,你想找人求教、协商,可人家不是摇头就是善意地劝阻,根本帮不上你的忙。但是,你仍然要艰苦地、

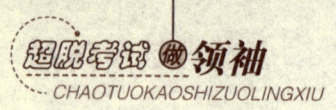

孤独地走下去，因为，这是你自己的选择，别无他途。

● **灵魂上的艰苦**：当你化身为人之前，你就已经计划好了要到人间经受磨练，你知道你离大自在、大超越、大涅磐境界仅有一步之遥，你还有一门课要学，环顾四周，接近此境界的灵魂寥若晨星，与其他地方的熙熙攘攘相比，你只能靠自己一人艰苦奋斗、独撑大局，等学好了这一课，你就又上了一个台阶，但眼下这段人生路必须艰苦走下去，因为，这是你自己的选择，别无他途。

（3）孤独

● **形体孤独**：既然选择了超脱常规，避开人云亦云、人趋亦趋的凡俗事务，形单影只则是必不可免的境况了，你只有独自承受，孤芳自赏也好，向隅而泣也好，都是你自己的事，别指望有人陪在你身边观赏你的风景。

● **思想孤独**：凡俗之人喜欢万众一心、统一思想、统一意志、统一行动，而伟人喜欢开辟思想新天地，独领风骚万千年。世界历史上所有开天辟地的英雄故事，无一不是英雄们独身一人策划出来的，他们没有先例可循，没有知音可依，甜酸苦辣自己独自品尝，是成是败只能一人承担。

● **心灵孤独**：偌大的世界，你找不到一个心灵伴侣，你不要指望有另一颗孤独的心灵试图与你靠近。你注定要与社会大众隔开若干距离，这是你的宿命。

超脱之路如此艰辛，你可要想好啊！

超脱的过程，是一个心灵炼狱的过程，一旦超脱之后，必然——

拨云见日，天高地辽阔

脱胎换骨，凡佛两重天

10、转换观念做领袖

领袖与凡人，皆乃娘胎所生，高矮胖瘦黑白美丑，分不出二者有何差异，起决定作用的非身体因素，非物质因素，而在人的观念、思想、胸怀。你的胸怀有多宽广，你的世界便有多大！一种观念对应一种行为，一种行为对应一种命运。领袖之所以为领袖，是在成为领袖之前，就已经按照领袖的观念来对待这个世界：

（1）领袖不是考出来的

（2）考别人的是领袖，被人考的是臣子

（3）东方不亮西方亮，考试不行别的强

（4）条条道路通罗马，处处人生处处景

（5）宁做一颗太阳，不做十颗行星

（6）围你转，我是行星；围我转，我是太阳

（7）世上秩序领袖定，套中不见下套人

（8）俗人排名论高矮，我要无比天下行

（9）兔子傍地走，只因无翅不能飞

（10）走兽贪恋地上物，未知已作飞禽餐

（11）悠悠万事，唯心为大

这个世界上，按常规路线走的，纵然很成功，顶多也只是常规意义上的成功，超过不了既定规则圈定的框架。而制定规则的人，却在局外观赏着圈子里面的马戏与猴戏，他可以任意改变规则，令马戏猴，或反过来令猴戏马，而戏票全数由其纳入囊中。同理，学校乃至国家制定的规则，也只对因循守旧、循规蹈矩之人起到约束作用，

而在领袖们的眼中，权当视野边缘的模糊背景。作者在这里，并非有意教大家无视国法，须知国法大于天，你希望打破国法争取个人自由，其结果是更不自由。作者的本意，是希望我们的学子们、未来的精英们，多思考几个为什么，为什么非要我样样拔尖全面发展？为什么非要强逼乌龟赛跑兔子游泳？为什么非要将帅之人乖乖坐在教室学那没用的数理化外？如果乌龟跑得太痛苦，是否应该换个活法，放弃跑步，径直走向河海江湖？如果兔子游得太憋气，是否应该换个思路，放弃潜水，上得岸来，抖擞精神撒腿求欢？乌龟与兔子榜上排名，武士与文人华山论剑，岂不牛头马嘴、贻笑大方？规则是用来打破的，谁率先打破规则、创造新秩序，谁就是未来的领导者！

人类的头脑是地球上最发达的头脑，可也是地球上最懒惰的头脑，只要一件事重复了三次，大脑便建立了稳固的神经联系通道，当第四次乃至更多次出现的时候，人类便不自觉地沿着既定的通道处理相同的问题。效率固然很高，却阻断了新发现、新发明、新方法的运用。我们的教育，当有人提出科举取仕之后，上千年来，不曾被怀疑过、替代过，人类智慧的天空，就因为漂浮着科考的云彩，便被当成了人生价值的唯一参照坐标，再也标记不了四维、五维及 N 维的事物，多少天赐良才，热情放射着可见和不可见的光彩，就这样在肉眼凡胎面前错失了展示自己的机会。

肉眼凡胎将可见光谱按色序排位，那么作为放射不可见波谱的你，就不应该将自己交到他们的三棱镜下定义你的光辉，你应确立你自己的标准，制订你自己的准则，行使你自己的权利，谱写你自己的篇章！

11、新式学校

(1) 新式教育思想

教育目标：为二十年后的中国各行各业培育世界级领袖

教育特点：

1. 开放性，多元意识形态，活跃的思想氛围
2. 前瞻性，为人生四十而设计
3. 创造性，为打破规则而教育
4. 小众化，为少数精英而教学
5. 本真化，学校为领袖服务，非为考试、升学、就业服务
6. 焦点化，消灭考卷，取消考试，以学生毕业后的人生轨迹和成就检验教育质量

教学方法：把理工教成人文，把人文教成哲学，把学习变成探索，把读书变成快乐

(2) 新式校园

1. 浓缩的社会现实生活场景
2. 只求所在，不图拥有
3. 没有围墙——只要有人烟的地方，便可做我们的学校
4. 没有教室——只要有空地，便可做我们的教室
5. 没有课桌——身体便是课桌

6. 没有讲台——随地都是讲台

（3）新式课程

1. 道类课程：宇宙起源，物种由来，复原的政治，知识的历史
2. 器类课程：东方辩证法，西方逻辑学，工作原则，生活艺术，斗争策略
3. 认识类课程：自然，社会，心理，预测
4. 实践类课程：打工，交流，互助
5. 创造类课程：破旧立新（规则），革新，革命，发明
6. 磨练类课程：孟子训练、魔鬼训练
7. 成长类课程：励志，宗教，瑜伽，冥想

（4）新式考核办法

1. 考察学生是否能出类拔萃
2. 考察学生是否能标新立异
3. 考察学生是否能一呼百应
4. 考察学生是否能独立生存
5. 考察学生是否能合作共事
6. 考察学生是否能扭转危局

（5）新式校长

新式校长的标准：
1. 校长本身应为一名行业领袖

2．精神境界上能突破本国、本民族的局限，具有胸怀世界与未来的理想

3．有独到的关于教育的思想、观念、学说、著作

4．深受学生、教师的欢迎和民众的尊敬与爱戴

5．具有圆熟的组织、领导、协调能力

6．具有"顶天立地"、"正大光明"、"泰山压顶不弯腰"的英雄气概

7．不遵从国家考试制度，具有独立的办学思想和方略

（6）新式教师

新式教师的标准：

1．教师本身应为一名行业的区域领袖

2．有思想力，表达力，组织力，行动力

3．有胆识，不按常规、定论思考，不按常规、定论教学

4．从工厂、部队、医院、农场、商场、政府、研究院……等非教育机构产生

（7）新式家长

新式家长的标准：

1．不以常识为自己思想与行动准则

2．对孩子尊重、赏识、信任，管大方向，不拘泥小节

3．创造机会，舍得让孩子锻炼体能，经受皮肉之苦、挫折与失败

4．童心童言，与孩子平等对话

5．信任学校，愿意为学校贡献义务劳动

(8) 新式学生

新式学生的标准：

1. 有立志做领袖的强烈愿望
2. 思想健康独立，生活自理
3. 智商≥100，情商≥100
4. 不娇生惯养、贪生怕死、自私自利、封闭自虐

(9) 新式入学方法

1. 情境考验法（设计一种情境，考察他的人格特征：意志、品格、心智、思维特征等）
2. 情境竞赛法（限定人数的报考群体中，只有竞赛第一名者才有资格入学）
3. 历史考察法（过去的经历中，只有获得区域第一名者才有资格入学）

(10) 新式就业路线

1. 承认学习经历，不发毕业证书
2. 从工人、农民、士兵、职员、义工、甚至乞丐等最起点做起
3. 远程监控，远程辅导
4. 回炉热身

（11）学费、办学资金来源

1. 学生学费来源：

   1) 间歇打工

   2) 课余家教

   3) 兼职顾问（技术、管理、理财、升学、政客等）

   4) 自行小额创业

   5) 所有费用皆出自学生自力自理，非由家长支付

2. 学校费用来源

   1) 学校工厂、农场

   2) 创办发明公司，知识生产公司，进行有价技术转让

   3) 接受社会捐赠

   4) 向政府、联合国教科文组织申请

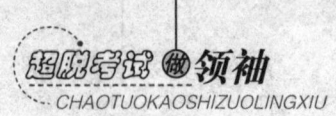

参考文献

〔1〕 心理素质与综合能力训练教程　杜志敏主编　北京：化学工业出版社，2001．

〔2〕 51招提升你的自信　［美］杰里·明钦顿著　北京：中信出版社／辽宁教育出版社，2002．

〔3〕 多元智能　［美］霍华德·加德纳著　沈致隆译　北京：新华出版社，1999．

〔4〕 头脑革命　［日］中松义郎著　李博／邵峰晶译　青岛：青岛出版社，1998．

〔5〕 自尊的力量　［美］纳撒尼尔·布兰登著　王静译　北京：知识出版社，2001．

〔6〕 心悟　［英］大卫　冯塔纳著　王晓秦译　吉林：吉林摄影出版社，1999．

〔7〕 自命不凡　赖国茂著　上海：学林出版社，2001．

〔8〕 我是谁？我到底要什么？　陆士桢著　北京：中国青年出版社，2002．

〔9〕 脑内革命　［日］春山茂雄著　郑民钦译　北京：中国对外翻译出版公司，1997．

〔10〕 快脑学习法　［日］山本光明著　王燕萍译　北京：中国物资出版社，1998．

〔11〕 学习的革命　［美］珍妮特·沃斯&［新西兰］戈登　德莱顿合著　上海三联书店，1998．

〔12〕超学习法　［日］野口悠纪雄著　陈系美／王燕萍译　北京：中国友谊出版公司，1998．

〔13〕成长的原理　［日］上原春男著　倪洪敏／杨树明译　北京：京华出版社，1999．

〔14〕怎样使你的孩子更聪明　［日］中田光男著　骆为龙等译　北京：中国文联出版公司，1995．

〔15〕自己就是一座宝藏　陈安之著　西安：陕西人民教育出版社，1997．

〔16〕心力学　吴甘霖著　北京：中国青年出版社，2002．

〔17〕每个孩子都能成功　［美］阿姆斯特朗著　肖小军等译　北京：新华出版社，2002．

〔18〕红星照耀中国　［美］埃德加·斯诺著　石家庄：河北人民出版社，1992．

〔19〕老子　［春秋］老聃著　沈阳：辽宁民族出版社，1996．

〔20〕首先，打破一切常规　［美］白金汉＆科特合著　北京：中国青年出版社，2002．

〔21〕教育——财富蕴藏其中　由雅克·德洛尔任主席的国际21世纪教育委员会向联合国教科文组织提交的报告　联合国教科文组织总部中文科译　北京：教育科学出版社，1996．

〔22〕考试的由来　刘海峰　百度知道，2006．